U1006381

法律基础与实务

王　静◎主编

北京燕山出版社
BEIJING YANSHAN PRESS

图书在版编目（CIP）数据

法律基础与实务 / 王静主编. -- 北京 : 北京燕山出版社, 2021.8
ISBN 978-7-5402-6147-4

Ⅰ. ①法… Ⅱ. ①王… Ⅲ. ①法律—基本知识—中国 Ⅳ. ①D92

中国版本图书馆CIP数据核字(2021)第160498号

法律基础与实务

主　　编 王　静
责任编辑 金贝伦　贾　玮
封面设计 白白古拉其
出版发行 北京燕山出版社有限公司
社　　址 北京市丰台区东铁匠营苇子坑 138 号 C 座
电　　话 010–65240430
邮　　编 100079
印　　刷 廊坊市海翔印刷有限公司
开　　本 787mm × 1092mm　1/16
字　　数 242 千字
印　　张 12
版　　次 2022 年 8 月第 1 版
印　　次 2022 年 8 月第 1 次印刷
定　　价 72.00 元

版权所有　盗版必究

前言

改革开放以来，我国在经济建设取得了举世瞩目成就的同时，法治建设也获得了巨大发展。如今，我国不仅确立了依法治国的基本方略、确立了社会主义法治理念，而且以宪法为核心的中国特色社会主义法律体系已基本形成，并随着国家经济、社会发展的需要不断地进行修订、完善。健全的法律体制的建立、法治目标的实现，无疑需要一大批法律专家，即由立法者、司法者、律师、法学家等组成的法律专业群体运用法律知识、专业技能去共同努力完成。

然而，法到底是什么呢？从最直观的意义上说，法是一种规则或行为规范。要理解这一点，并不十分难。问题是，在现实生活中，规则或规范比比皆是，诸如道德、宗教、礼仪、职业要求、质量标准、操作规程等，那么法与它们的区别何在呢？要回答这样的问题，对于未曾接受过专业训练人士来说并不简单。毋庸讳言，我们的社会生活离不开法律，了解法律的基础知识与原理，建立基本的法治观念，既是现代人的必备素质，也是社会发展的必然要求。在“依法治国”的治国方略之下，法律知识已经是各类人才的知识结构体系中的重要组成部分。

《法律基础与实务》是根据多年“法律基础”课教学实践经验，在充分吸收过去“法律基础”课教材建设成果和 2021 年 1 月 1 日起施行的《民法典》基础上编写的。内容以我国现行法律为框架，在从法的最基本的概念入手，依次介绍每个部门法的法律原则和法律规范，循序渐进，层层展开，系统介绍了刑法、行政法、商法、经济法、诉讼法以及国际法的基本理论和基本制度。全书以必需、管用为原则，内容全面，重点突出，文字简洁，强调实务应用，有助于学习者掌握马克思主义法学基本观点，了解我国法律制度的基本精神及主要内容，在法治时代学法、懂法、用法。

本书在撰写过程中，参考了大量专家学者的相关研究成果和观点，在此对相关专家学者表示诚挚的谢意。另外，由于时间和精力有限，书中不足和纰漏之处在所难免，敬请广大读者指正！

作 者

2021 年 4 月

前言

目 录

项目 1 法的基本理论

要想学好法律，更好地运用法律分析生活中发生的法律问题，必须先掌握好法的基本概念、法的渊源和效力、法的制定与实施、法律关系以及社会主义法治国家理论等方面的知识，本章将对这些内容做详细介绍。

任务一 法的概念

一、法的定义

法是由国家制定或认可，并由国家强制力保证实施的具有规范性、国家意志性、国家强制性、普遍性的社会规范或行为规范。法具有如下特征。

（一）法具有规范性

所谓规范，是指人们行为的标准或规则。但法不是一般的规范，而是一种特殊的社会规范，其特点在于它所调整的是人们之间的相互关系（社会关系）或人的交往行为。在这一点上，法这种规范不同于思维规范、语言规范，也不同于技术规范。法作为社会规范，如同道德规范、宗教规范一样，具有规范性。

所谓法的规范性，是指法所具有的规定人们的行为模式并以此指引人们行为的性质。它表现在：法律规范规定了人们的一般行为模式和法律后果，从而为人们的交互行为提供一个模型、标准或方向。法所规定的行为模式包括三种：一是人们可以怎样行为（可为模式）；二是人们不得怎样行为（勿为模式）；三是人们应当或必须怎样行为（应为模式）。从效力上看，具有规范性的法，不是为某个特定的人而制定的，它所适用的对象是不特定的人，它不仅仅适用一次，而是在生效期间内反复适用。

（二）法具有国家意志性

所谓法的国家意志性是指法是掌握国家权力的统治阶级意志的表现。这是法与其他社会规范的一个根本区别。宗教教规、风俗礼仪、道德规范等虽然都具有一定的规范性，但由于它们都不是国家或以国家的名义制定或认可的，因而不具有国家意志的属性。

（三）法具有国家强制性

所谓法的国家强制性，是指法依靠国家的强制力（军队、警察、法庭等）来保证其实施。也就是说，不管人们的主观愿望如何，人们都必须遵守法律，否则将招致国家强制力的干涉，受到相应的法律制裁。国家强制力是法的实施的最后保障手段。

（四）法具有普遍性

所谓法的普遍性，也称“法的普遍适用性”“法的概括性”，是指法作为一般的行为规范在国家权力管辖范围内具有普遍适用的效力和特性。在一国范围之内，任何人的合法行为都无一例外地受到法的保护；任何人的违法行为，也都无一例外地受到法的制裁。

二、法的作用

法的作用是指法作为一种特殊的社会规范对人们的行为和社会生活所产生的影响。通常可以把法的作用分为规范作用和社会作用两类。

（一）法的规范作用

法的规范作用是指法作为一种特殊的社会规范自身所具有的、对人们的行为发生影响的性能。在此意义上，法的规范作用也可以称为“法的功能”。其主要内容包括以下五个方面：

1. 指引作用

法的指引作用是指法通过授权性行为模式（权利）和义务性行为模式（禁止性行为和命令性行为）的规定，指引人们做出一定行为或不做出一定行为。

2. 评价作用

法的评价作用是指法作为一种行为标准和尺度，可以判断、衡量人们行为的是或非、善或恶的性质与积极或消极的效果，以影响人们的行为。

3. 预测作用

法的预测作用是指法根据人们实际的行为，预测国家会对此做何反应并采取什么样的措施。

4.强制作用

法的强制作用是指法通过对违法犯罪行为的制裁，恢复和保护一定的社会关系和秩序。

5.教育作用

法的教育作用是指法通过对合法行为予以保护和对违法行为予以制裁，从正反两方面提高人们的法治观念和责任意识，达到预防违法犯罪的目的。

（二）法的社会作用

法的社会作用是指法为达到一定的社会目的或政治目的而对一定的社会关系产生的影响。在法学上，也有人称之为“法的职能”。其内容包括以下两个部分：

1.政治作用

法的政治作用是指法在调整政治关系，包括不同阶级、利益集团之间的统治与被统治、管理与被管理的关系，维护政治统治秩序方面的作用。这种作用直接反映出各个国家和社会的法的不同政治目的和阶级性质。

2.社会公共作用

法的社会公共作用是指法在执行社会公共事务中表现出来的作用，其中包括组织和管理经济建设与社会化大生产，推进教育、科学和文化事业的发展，维护社会的正常生产与产品交换秩序，保护人类生存的环境和条件，维护社会秩序与和平，推进社会变迁，保障社会整合，控制和解决社会纠纷和争端，促进社会价值目标的实现等。从表面上看，执行社会公共职能的法并不必然具有政治属性和阶级性质，而是对整个社会和所有的阶级、集团都有利。但从本质上看，尤其是从政治统治的角度看，法只有在有效地执行了社会公共职能之后才能有效地发挥其政治统治作用。从这个意义上说，即使是那些承担社会公共职能的法，最终也还是为一定的社会政治目的服务的。

由此可见，法对国家、社会的作用是巨大的，但法的作用并不是无限的。在现代社会，社会关系的领域极为广泛，法不可能也没有必要调整社会关系的所有方面。而且在很多问题上，法是不宜介入的，只能通过道德、政策、纪律或宗教教规等社会规范来调整。换言之，法是有局限性的，而不是万能的。

三、权利和义务

权利和义务是法的最核心的内容和要素，是贯穿于法的各个领域、环节、法律部门和整个法的运动过程的法律现象。权利和义务是法学的基本范畴，法学就是从权利和义务这一基本范畴出发，推演出各个层次的法学概念和原则，并逐步形成法学范畴的逻辑体系。

（一）权利的概念

法律意义上的权利，即“法律权利”，是指国家通过法律规定对法律关系主体可以自主决定作出某种行为的许可和保障手段。其特点在于：第一，权利的本质由法律规范所决定，得到国家的认可和保障。当人们的权利受到侵犯时，国家应当通过制裁侵权行为来保障权利的实现。第二，权利是权利主体按照自己的愿望来决定是否实施某种行为，因而权利具有一定程度的自主性。第三，权利是为了保护一定的利益所采取的法律手段。因此，权利与利益是紧密相连的。而通过权利所保护的利益并不一定是本人的利益，也可能是他人的、集体的或国家的利益。第四，权利总是与义务人的义务相关联的。离开了义务，权利就不能得以保障。

（二）义务的概念

法律意义上的义务，即“法律义务”，一般在下列几种意义上使用：一是指义务人必要行为的尺度或范围；二是指人们必须履行一定作为或不作为的法律约束；三是指人们实施某种行为的必要性。总之，义务是国家通过法律规定，对法律关系主体的行为作出的一种约束手段，是法律规定人们应当作出和不得作出某种行为的界限。在此，如果说权利体现着人们合法行为自由的话，那么，义务则体现着与行为自由相对立统一的社会责任，体现着社会对个人，国家对公民提出的社会的、政治的、法律的和道德的要求。

（三）权利和义务的相互联系

（1）从结构上看，两者是紧密联系、不可分割的。它们的存在和发展都必须以另一方的存在和发展为条件。一方不存在了，另一方也就不能存在；

（2）从产生和发展看，两者经历了一个从浑然一体到分裂对立，再到相对一致的过程。在原始社会，由于还不存在法律制度，权利和义务的界限也不是很明确，两者实际上是混为一体的。随着阶级社会、国家的出现和法律的产生，权利和义务发生分离。在剥削阶级法律制度中，两者甚至在分配上也出现了不平衡，即统治者集团只享受权利，而几乎把一切义务 都强加于被统治者。社会主义法律制度实行“权利和义务相一致”的原则，从而使两者之间的关系发展到了一个新的阶段；

（3）从价值上看，权利和义务代表了不同的法律精神，它们在历史上受到重视的程度也有所不同，因而，两者在不同国家的法律体系中的地位是有主、次之分的。一般而言，在等级特权社会，如奴隶社会和封建社会，法律制度往往强调以义务为本位，权利则处于次要的地位；而在民主法治社会，法律制度较为重视对个人权利的保护，在这种社会，权利是第一性的，义务则是第二性的，设定义务的根本目的是为了保障权利的实现。

四、法律规范和法律体系

（一）法律规范

法律规范是国家制定或认可的关于人们的行为或活动的命令允许或禁止的一种规范。法律规范可以分为以下两种：

1. 法律规则

所谓法律规则，是指通过法律条文表述的、具有特殊逻辑结构的行为规则。法律规则不等同于规范性法律文件或法律条文。在立法上，法律规则往往表述为各规范性法律文件之中的法律条文。因此，法律规则与规范性文件、法律条文之间是内容和形式的关系：前者是内容，后者是表现形式。

任何一个完整的法律规则，其结构至少包含四个部分，即条件、指示、假定、后果。所谓条件，是指法律规则中规定的适用该规范情况的那一部分； 所谓指示，是指法律规则中规定人们行为模式的那一部分，它指明人们在什么条件下可以做什么、能做什么、应当（必须）做什么；所谓假定，是指法律规则中规定人们可能作出某种行为的部分，它设定人们可能作出符合指示规定的行为，或者可能作出违背指示内容的行为；所谓后果，是指法律规则中规定对人们的行为选择采取何种措施或裁决的部分。

2. 法律原则

法律原则是指为法律规则提供某种基础或本源的综合性的、指导性的原理或价值准则的一种法律规范。按照法律原则产生的基础不同，可以将法律原则分为公理性原则和政策性原则；按照法律原则对社会关系的覆盖面的宽窄和适用范围的大小，可以将其分为基本原则和具体原则；按照法律原则所涉及的内容与问题不同，可以将其分为实体性原则和程序性原则。

（二）法律体系

法律体系也称部门法体系，即把一国现行法律规范分为不同的法律部门，并由这些法律部门组成的有机联系的整体。

法律体系的主要特征包括：第一，法律体系是一国国内法构成的体系，不包括国际法。

第二，它是现实法构成的体系，不包括历史上的法或已失效的法。第三，构成法律体系的单位是法律部门，但法律部门又是由若干相关的法律规范构成的。因此，法律规范是法律体系构成的最基本单位。第四，法律体系不同于立法体系。立法体系是一国的各种规范性文件构成的统一整体，故又称“规范性文件体系”，其构成单位是规范性文件。

研究一国法律体系，最重要的在于科学、合理地划分法律部门。所谓法律部门，又称部门法，是调整同一类社会关系的法律规范的总和。在此意义上，凡是根据同一种方法调整同一类社会关系的法律规范就构成一个独立的法律部门，如刑法部门、民法部门等。显然，划分法律部门的标准主要有两个方面：一是根据法律规范调整的对象，即各种各样的社会关系；二是根据法律规范调整的方法。它是作用于一定社会关系的特殊法律手段的总和，包括实施法律制裁的方法和确定法律关系主体的不同地位、权利及义务的方法。例如，凡是依靠刑罚作为制裁手段的法律规范，就属于刑法部门；凡是依靠行政处分和处罚作为制裁手段的法律规范，则属于行政法部门。

在我国，以 1982 年宪法为基础，已经初步建立起具有中国特色的社会主义法律体系。这个法律体系主要划分为七个法律部门：一是宪法及宪法相关法（主要是由规定有关国家根本制度，公民基本权利和义务，国家政权组织的地位、隶属关系、权限范围、组织活动原则，国家主权与外交、民族和特别行政区自治制度等方面的法律规范构成）；二是民商法（由调整平等主体之间的财产关系、人身关系和商事关系的法律规范构成）；三是行政法（由调整在国家行政管理活动中产生的行政关系的法律规范所构成）；四是经济法（由调整国家对经济活动进行宏观调控过程中所形成的经济管理关系的法律规范构成）：五是社会法（由调整劳动关系与社会保障关系的法律规范构成）；六是刑法（由规定犯罪及其法律后果的法律规范构成）；七是诉讼与非诉讼程序法（由调整保障实体法内容的实现而进行诉讼活动和非诉讼活动所遵循的程序，以及由此产生的社会关系的法律规范构成，主要包括诉讼程序法和非诉讼程序法两大部分）。

任务二 法的渊源和效力

一、法的渊源

法的渊源也称法的表现形式，即由不同立法机关制定或认可的，具有不同法律效力和法律地位的各种规范性文件的不同类别。我国法的渊源主要包括以下几种。

（一）宪法

宪法是国家的根本法，规定国家的根本制度和根本任务，具有最高法律效力，是制定其他法律的依据，任何法律、法规都不得同宪法相抵触。

（二）法律

法律是由国家最高权力机关及其常设机构，即全国人民代表大会及其常务委员会制定、颁布的规范性文件，效力仅次于宪法。

（三）行政法规和部门规章

行政法规是国家最高行政机关，即国务院制定、颁布的规范性文件，效力仅次于宪法和法律。部门规章是指国务院各部、各委员会以及具有行政管理职能的直属机构根据法律、行政法规，在本部门职权范围内依法制定的规范性文件，效力低于宪法、法律和行政法规。

（四）地方性法规

地方性法规是省、自治区、直辖市以及省、自治区人民政府所在地的市和经国务院批准的较大的市的人民代表大会及其常务委员会在法定权限内制定的规范性文件。

（五）民族自治地方的自治条例和单行条例

我国是单一制国家，同时在中央统一领导下在各少数民族聚居区实行民族区域自治。民族自治地方的人民代表大会有权制定自治条例和单行条例。

（六）特别行政区基本法和特别行政区法律

特别行政区基本法是由全国人民代表大会制定的有关特别行政区的基本法律。特别行政区法律是指根据宪法和特别行政区基本法，在特别行政区内施行的法律。

（七）国际条约

国际条约是两个或两个以上国家就政治、经济、军事环境等某方面的问题确定其相互权利义务关系的协议。我国缔结或加入的国际条约也是我国法的渊源之一。

二、法的效力

法的效力即法的约束力，是指法的生效范围或适用范围，即在什么地点，什么时间和对什么人适用，包括空间效力、时间效力和对人的效力。

（一）法的空间效力

法的空间效力是指法在哪些地域有效力。一般来说，一国法律适用于该国主权范围所及的全部领域，包括领土、领水及其底土和领空，以及作为领土延伸的本国驻外使馆、在外船舶和飞行器。但由于法的内容和制定机关不同，其空间效力范围也不同。在我国，法的空间效力分为三种情况。

1.在全国范围内生效

凡中央国家机关制定的规范性文件，一般在全国范围内有效。例如，全国人大及其常务委员会制定的法律、国务院制定的行政法规，除有特殊规定外，一般在全国生效。

2.在局部地区生效

地方制定的规范性文件，包括地方性法规、民族自治地方的自治条例和单行条例等，在制定机关管辖的行政区域内生效。

3.在域外生效

域外生效是指法在其制定国管辖区域范围外具有效力。这一般体现在民商事方面的法律、法规中。

（二）法的时间效力

法的时间效力是指法何时生效、何时失效以及法对其生效时间以前的事件和行为是否具有溯及力的问题。

1.法的生效时间

法的生效时间主要有三种:（1）自公布之日起生效;（2）法本身规定其具体生效时间;（3）法公布后符合一定条件时生效。

2.法的失效时间

法的失效时间包括以下几种情况：（1）新法公布施行后，根据新法优于旧法的原则，旧法自然失效；（2）新法取代旧法，同时在新法中明文规定旧法废止；（3）法因完成其历史任务而失效；（4）法本身规定的失效时间届至；（5）有关国家机关发布决议或命令，宣布废止。

3. 法的溯及力

法的溯及力即法溯及既往的效力，是指法对其生效以前的事件和行为是否适用。如果适用，法就具有溯及力；如果不适用，就不具有溯及力。一般来说，法只适用于其生效后发生的事实和关系，不适用于其生效前的事实和关系，即法不溯及既往。因此，多数时候法是没有溯及力的，但也有些情况例外。

（三）法对人的效力

法对人的效力是指法对什么人产生效力，适用于哪些人。确定法对人的效力的原则包括下述四种。

1. 属人主义

属人主义是指法只适用于本国公民，不论其身在国内还是国外；非本国公民即使身在该国领域内也不适用。

2. 属地主义

属地主义是指法适用于该国管辖地域内的所有人，不论是否是本国公民，都受法的约束和保护；本国公民不在本国，则不受本国法的约束和保护。

3. 保护主义

保护主义是指以维护本国利益的需要作为是否适用本国法的依据，任何侵害了本国利益的人，不论其国籍和所在地域为何，都要受该国法的追究。

4. 以属地主义为主，与属人主义、保护主义相结合

以属地主义为主，与属人主义、保护主义相结合就是既要维护本国利益，坚持本国主权，又要尊重他国主权，照顾法在适用中的实际可能性。

我国采用的即是第四种原则。根据我国法律，法对人的效力包括两个方面：（1）对中国公民的效力。中国公民在中国领域内一律适用中国法。在中国境外的中国公民，也应遵守中国法并受中国法的保护。但是，这里存在适用中国法与适用所在国法的关系问题，对此，应当区分情况，分别对待；（2）对外国人和无国籍人的效力。外国人和无国籍人在中国领域内，除法律另有规定者外，应适用中国法，这是国家主权原则的必然要求。

任务三 法的制定与实施

一、法的制定

法的制定即立法，是指一定的立法机关依照法定的职权和程序，制定、修改和废止法律和其他规范性文件及认可法律的活动，涉及立法权限的划分和立法程序两个方面。资本主义国家实行代议民主制度，使立法权、行政权、司法权相互独立和制衡，设有专门的立法机关，规定明确的立法权和严格的立法程序。我国的立法体制则是根据本国国情确立的，具有自己的特色。

（一）我国的立法体制

我国是单一制国家，根据宪法规定，采取一元性的立法体制，全国只有一个多层次的立法体系。（1）全国人民代表大会及其常务委员会行使国家立法权，制定宪法、法律；（2）国务院根据宪法和法律制定行政法规；国务院组成部门根据法律和行政法规制定部门规章；（3）省、自治区、直辖市的人民代表大会及其常务委员会在不同宪法、法律、行政法规相抵触的前提下，可以制定地方性法规；民族自治地方的人民代表大会有权依照当地民族地区的政治、经济和文化的特点，制定自治条例和单行条例；省、自治区人民政府所在地的市的人民代表大会及其常务委员会根据本市的具体情况和实际需要，在不同宪法、法律、行政法规和本省、自治区的地方性法规相抵触的前提下，可以制定地方性法规，并报省、自治区人民代表大会及其常务委员会批准；（4）省、自治区、直辖市人民政府及省、自治区人民政府所在地的市和经国务院批准的较大的市的人民政府，可以根据法律和行政法规制定规章。此外，根据“一国两制”原则，特别行政区的立法制度由全国人民代表大会以法律规定。

（二）我国的立法程序

立法程序是指立法的步骤和方式。我国的《中华人民共和国立法法》对全国人民代表大会及其常务委员会的立法程序进行了规定，主要有四个步骤。

1. 法律议案的提出

享有向全国人民代表大会提出议案权的机关和人员有：全国人民代表大会主席团、

全国人民代表大会常务委员会、全国人民代表大会各专门委员会、国务院、中央军事委员会、最高人民法院、最高人民检察院，以及一个代表团或 30 名以上的代表。享有向全国人民代表大会常务委员会提出议案的机关和人员有：全国人民代表大会各专门委员会、国务院、中央军事委员会、最高人民法院、最高人民检察院，以及常务委员会组成人员 10 人以上的委员。

2. 法律草案的审议

列入常务委员会会议议程的法律案，一般应当经 3 次常务委员会会议审议后再交付表决。常务委员会审议法律案时，根据需要，可以召开联组会议或全体会议，对法律草案中的主要问题进行讨论。

3. 法律草案的表决和通过

法律草案修改稿经各代表团审议的，由宪法和法律委员会根据审议意见进行修改，提出表决稿，由主席团提请大会全体会议表决，由全体代表的过半数通过。法律草案修改稿经常务委员会会议审议的，由宪法和法律委员会根据审议意见进行修改，提出表决稿，由委员长会议提请常务委员会全体会议表决，由常务委员会全体组成人员的过半数通过。

4. 法律的公布

全国人民代表大会及其常务委员会通过的法律，由国家主席签署主席令予以公布。公布法律的主席令应载明该项法律的制定机关以及通过和施行的日期。

（三）我国的法律体系

法律体系是指一国的全部现行法律规范，按照一定 的标准和原则划分为不同的法律部门而形成的有机联系的整体。我国的法律体系通常包括宪法、行政法、经济法、社会法、刑法、诉讼法等。

二、法的实施

法的实施是指法在实际社会生活中被人们所运用和施行，主要包括执法、司法和法律监督。

（一）执法

1. 执法的概念与特征

执法即法的执行，是指国家行政机关及其公职人员在履行行政管理职能的过程中依法定职权和程序贯彻实施法律法规的活动。执法是法的实施的重要组成部分，是实现政府职能的主要手段，具有如下特征：

（1）执法内容的广泛性

执法是以国家名义对社会进行全面的管理，涵盖社会生活的各个方面，因此具有执法内容的广泛性。

（2）执法主体的特定性

执法的主体是国家行政机关及其公职人员，其他任何国家机关和个人未经法律法规的授权不得行使执法权。

（3）执法具有国家强制性

行政机关是代表国家行使执法权，因此，为了更好地维护社会秩序和法律权威，执法必须有国家强制力的支持。

2. 执法原则

我国的行政执法一般包括以下原则：

（1）依法行政原则。依法行政原则是指国家行政机关及其公职人员在执法时，应当严格依照法律、法规规定的权限和程序，不得越权执法、滥用权力或违反程序。是否依法行政直接关系到法律能否得到很好的执行，因此，在执法过程中，依法行政是最为核心的原则。

（2）行政效率原则。行政效率原则是指要求行政机关及其公职人员积极履行职责，严格按照规定时间进行执法，努力提高行政效率。

（3）程序公平原则。程序公平原则是指行政机关在执法时应当确保程序公平，保障相对人的参与权，作出对相对人不利的行政决定之前应给予其陈述和申辩的机会；对于重大事项，相对人依法要求听证的，行政机关应当组织听证。

（二）司法

1. 司法的概念与特征

司法即法的适用，是指国家司法机关依据法定职权和程序，具体应用法律处理案件的专门活动，具有如下特征：

（1）司法活动具有法定性。我国的司法权包括审判权和检察权，司法主体是人民法院和人民检察院。司法权是法律赋予的，其他任何国家机关、社会组织以及个人没有此项权力。司法机关及其公职人员从事司法活动必须在法定权限内，严格依照法定职权和法定程序进行。

（2）裁决的权威性和国家强制性。司法机关是代表国家行使职权，有国家强制力的保障。司法机关依法作出的裁决具有国家权威性，一旦生效，必须执行。

2. 司法原则

我国的司法过程一般要遵循以下原则：

（1）司法公正原则。司法公正是指司法机关在司法过程中应该做到不偏不倚，公平正义，既包括实体公正也包括程序公正。

（2）公民在法律面前一律平等原则。公民在法律面前一律平等即要求司法机关平等地对待每一位当事人，这也是实现司法公正的前提条件。

（3）以事实为根据、以法律为准绳原则。这是我国人民司法工作长期实践经验的科学总结。以事实为根据，就是司法机关作出裁决，必须以客观存在的事实作为处理案件的根本依据。以法律为准绳，就是在进行司法活动时，必须以法律、法规的相关规定为标准，以法律规定来评判已经查明的案件事实。

（4）司法独立原则。司法独立原则要求司法机关依法独立行使职权，不受其他任何行政机关、社会组织和个人的干涉。司法独立原则也是实现司法公正的重要保障。

（三）法律监督

法律监督是指由所有国家机关、社会组织和公民依法对国家的经济、政治、文化、社会等各方面的法律活动进行的全面监督。有效的法律监督是保证司法机关执法机关严格依法办事的关键，是制约权力、防止权力滥用和腐败、保护公民合法权益的重要手段。

根据监督主体的不同，可将我国的法律监督分为两大类：国家监督和社会监督。国家监督是指国家机关的监督，包括国家权力机关、行政机关、司法机关的监督。我国宪法和法律明确规定了国家监督的权限和范围。国家监督都是依照一定的法律程序，以国家的名义进行，具有国家强制力和法律效力，是我国法律监督体系的核心。社会监督是指各政党、社会组织、公民以多种形式、多种手段、多种途径参与的法律监督。社会监督主体广泛方式灵活，没有严格的程序规定，是人民群众当家做主参与国家事务管理的重要手段，在我国法律监督体系中占有重要的地位。

任务四 法律关系

一、法律关系的概念与特征

法律关系是指法在调整社会关系的过程中形成的法律上的权利义务关系，具有以下特征：

（1）法律关系是根据相应的法律规范建立的社会关系，法律规范是法律关系产生的前提，如果没有某种法律规范，就不会产生相应的法律关系。

（2）法律关系是以权利和义务为内容的社会关系，法律关系的内容就是主体的权利和义务。

（3）法律关系是由国家强制力予以保障的社会关系。法律规范体现的是国家意志，因此国家在法律关系遭到破坏时，必然进行干预，以保护正常的法律关系。

二、法律关系的构成要素

（一）法律关系的主体

法律关系的主体是法律关系的参加者，也是法律关系中一定权利的享有者和一定义务的承担者。法律关系主体的范围十分广泛，在我国，归纳起来主要有三种：自然人、法人和国家。

（二）法律关系的内容

法律关系的内容就是法律关系主体之间的权利和义务，离开了权利和义务，法律关系就不可能存在。

权利是国家通过法律规定，对法律关系主体为或不为某种行为或要求他人为或不为某种行为的许可和保障。一切合法权利都受到国家的保护，当权利受到侵害时，权利享有者有权依法请求保护。

义务是法律规定的对法律关系主体必须为或不为某种行为的要求和约束。当负有义务的主体不履行或不适当履行自己的义务时，要受到国家强制力的制裁，承担相应的责任。

（三）法律关系的客体

法律关系的客体是法律关系主体权利义务所指向的对象，范围十分广泛，可以分成以下几类：（1）物，指存在于人身之外受法律关系主体支配的有体物及自然力；（2）智力成果，指法律规定的人们脑力劳动创造的精神财富；（3）行为，指权利义务主体的活动，包括作为和不作为；（4）人身利益，指与人身不可分离的生命健康、名誉、姓名等利益。

三、法律关系的产生、变更和消灭

法律关系的产生是指法律关系主体之间形成新的权利义务关系；法律关系的变更是指法律关系的三个要素即主体、客体、内容发生变化；法律关系的消灭则是法律关系主体之间原有权利义务关系的消失。

法律关系产生、变更和消灭必须具备两个条件：一个是法律规范，一个是法律事实。

法律事实是指能够引起法律关系产生、变更、消灭的客观情况，包括事件和行为。事件是指不以人的意志为转移的，能够引起法律关系产生、变更或消灭的一切客观情况；而行为则相反，是以人的意志为转移的，能够引起法律关系发生、变更和消灭的活动。

任务五 社会主义法治国家理论

一、法治的含义

（一）法治的含义

法治这个命题，最早是由古希腊和古代中国先秦哲人提出并不断地阐述形成其思想，历史上许多思想家都在不断探索这个命题，依法治国也成为古今中外明智的政治家的政治目标。由于法治思想内涵博大精深，许多论著都没有直接简单地对“法治”进行定义。法治实践仍是当代法学一个重要的问题。综观法的发展历史，我们认为法治至少具有以下四层意义：

1. 法治是一种治国方略

任何时代、任何国家的统治者都非常重视治国方略，无论东方还是西方国家，都会因为治国方略的转换、改变而影响国家的兴衰。

法治在被提出时就以“以法治国”“依法治国”等词出现。在中国古代，“法治”与“礼治”“德治”“人治”等同样被认为是一种治国方略。法治的提出与发展都围绕着一个国家的治理而展开。同样，在西方，法治也作为与人治相对应的一种治国方略。

治国方略有多种多样，人类历史经历了奴隶社会、封建社会、资本主义社会、社会主义社会不同社会阶段，治国方略也同样经历了主要依靠道德治理、主要依靠执政者贤明治理、主要依靠法律治理的不同阶段。从奴隶社会、封建社会的君主统治到资本主义社会民主，直到社会主义社会的人民真正享有民主，法治实际上是作为一种治国的方略被选择和权衡的。

中国作为社会主义国家，在“九五”计划和2010年远景规划中已明确提出了依法治国的目标。中国共产党第十五次全国代表大会也明确提出“继续推进政治体制改革，进一步扩大社会主义民主，健全社会主义法治，依法治国，建设社会主义法治国家”。这标志着中国共产党执政方式的巨大转变，标志着党和国家治国方略的重大改变。因而就治国方略而言，中国已进入了依法治国的新阶段。

2. 法治是一种民主的法制模式

法制，即法律制度及其运行秩序的统称，包括立法、司法、执法和守法。法制一般分为专制的法制和民主的法制，法治是民主的法制。

法制在中国、在西方的古代奴隶社会和封建社会都曾是专制统治的工具，为君权或神权服务。中国的历代法家都主张“法治”并直接参与实践，但当时的历史条件不具备民主的精神，法律实践也不具备民主的社会基础，因而他们所谓的“法治”是人治之下的法制、专制下的法制，具有专制的许多特征。如法律不能真正体现人民的意志，法律的意志与君王的意志相违背时，首先服从君王意志，法律对不同的人是不平等的，人的尊严或人权得不到尊重等。

法治是以民主为社会基础的法制模式。近代资产阶级在追求自身经济自由渴望获得政治民主，反抗封建等级制度过程中逐步建立了法治这种民主的制度，这种法制模式的基本特征是：法律至上；保护人权和公民权；政府必须依法行政；司法独立；公民权利受到侵犯应当得到公正的救济；等等。但资本主义社会的制度决定了资本主义国家不可能真正实现反映人民意志的法治。社会主义国家实现了广泛而且真正的民主，才有可能实现法治这种法制模式。

3. 法治是一种法律精神

法治包含了一整套关于法律、权利和权力问题的原则与观念体系，它体现了人对法律的价值需要，因此法治还是一种法律精神。

通过对近代法治思想和实践的分析，可以对法治所蕴含的法律精神作这样的归纳：

（1）法律是至高无上的。法律具有极大的权威，法大于权，法律面前人人平等；

（2）法律的制定是通过民主、公开的程序进行的，反映了广大人民的意志并体现了客观规律。客观、公正的立法是法治的必要前提；

（3）法律的适用不承认特殊情况，只承认普遍规则的效力；非经法定程序不得因特殊情况而改变法律的普遍性，即使有的特殊情况的目标符合正义；

（4）法律的执行必须有严格的制度和程序的保障，行政权力必须接受法律的制约和程序的控制，滥用权力者应该受到法律的追究和惩处；

（5）法律必须包含切实保护公民权利的内容；权利与义务是统一的，但是权利是基本的，应占主导地位，在立法、执法和司法等环节均应关怀和尊重人权；

（6）法律必须确立权力制约观念。国家是权力机关，绝不是营利的经济组织，权力必须在法定的范围内活动，一定的国家机关享有法定的权力，同时要受到其他国家机关法定权力的配合与制约。

4. 法治是一种理想的社会结构

法治是人类理想的社会结构，从它被提出开始，人类一直在不断探索、不断完善。经过诸多实践，人们对法治已形成了许多共识，也取得了重大成就。不同民族和国家在其法治建设的历程中每取得一项进展，都是向法治理想迈进了一步。

法治所追求的是一种理想的社会结构和秩序，包括安全、富裕、民主和文明。对于当代中国而言，法治的实现过程对社会主义市场经济的建设和生产力的发展具有重要意义，同时对社会主义民主政治建设、精神文明建设以及国家的长治久安都具有不可估量的作用。既然法治是一种社会理想，那么它也必然是一个探索和实践的过程，由低级向高级发展的过程。我们应该充分认识到法治建设道路上的困难，为建成法治社会作出不懈的努力。

（二）法治的起源

法治思想从古希腊和古罗马时代起就有无数思想家进行探索。法治理论的萌芽最早出自柏拉图的名著《法律篇》，“服从法律统治”是柏拉图法治观的核心。亚里士多德发展了柏拉图的法治理论，在其《政治学》中阐述了法治的含义：法治应包含两重意义：

已成立的法律获得普遍的服从，而大家所服从的法律又应该本身是制定的良好的法律。同时，亚里士多德依据人性本恶的观点提出了权力必须受到制约的观点，使法治理论有了进一步的发展。

近代法治理论是由英国的法哲学家詹姆·哈林顿首先创立的。他在其代表作《大洋国》中提出了以自由为最高价值准则，以法律为绝对统治国家体制的统治共和国模式。哈林顿提出要实现一个国家成为法律王国，必须实现权力制衡，而权力制衡则取决于：①元老院讨论和提议案；②人民决议；③行政官员执行，官职由人民投票选举，平等地轮流执政，只有这样才能使共和国持久稳固。在哈林顿之后，英国另一个法哲学家洛克提出以保护个人自由权利为核心的法治理论，他认为对个人自由权利的最大危害是政治权力的滥用。因此，政治权力必须受到法律的约束。法治社会中的政治权力应是有限的、分立的和负责的。

与洛克同时代的法国思想家孟德斯鸠则将近代各国的法治理论推到了顶峰。孟德斯鸠认为：在一个法律社会里，自由仅仅是一个人能够做他应该做的事情，而不是被强迫做他不该做的事情。为防止个人被强迫做他不应该做的事情，就必须对国家权力加以限制。因为自由只能在“国家的权力不被滥用的时候才存在。但是一切有权力的人都容易滥用权力，这是万古不易的一条经验。有权力的人们使用权力一直到遇有界限的地方才休止”。为消除对自由的威胁，必须实行分权，以权力制约权力。如果“立法权和行政权集中在同一个人或同一个机关之手，自由便不复存在了；因为人们将要害怕这个国王或议会制定暴虐的法律，并暴虐地执行这些法律。如果司法权不同立法权和行政权分立，自由也就不存在了。如果司法权同立法权合二为一，则将对公民的生命和自由施行专断的权力，因为法官就是立法者。如果司法权同行政权合二为一，法官便将有压迫者的力量”。孟德斯鸠以三权分立为核心的法治理论，成为资本主义主要的法治理论，并首先在美国变成了现实。

二、当代中国法制的进程

当代中国法制的进程，可以追溯到社会主义建设初期。20 世纪 50 年代初，在毛泽东的亲自主持下，成立了宪法起草委员会，宪法草案经中央人民政府批准，全民讨论后，于 1954 年 9 月 20 日由第一届全国人民代表大会第一次会议审议通过了《中华人民共和国宪法》，同时还制定了涉及国家政治制度、经济制度和国家权力分配的重要法律，如组织法、选举法等，还颁布了像婚姻法这样单行的民事法律。党的十一届三中全会以后，邓小平提出了“发展社会主义民主，加强社会主义法制”的民主法治建设的基本方针，中国的民主法治建设得到了全面的恢复，并取得了空前成就。

（一）民主制度的恢复与建设

法治是建立在民主基础上的法制模式，没有实现真正的民主就不可能实现真正的法治。我国有几千年的封建社会和一百多年的半殖民地、半封建社会历史，中华人民共和国是从这种民主传统缺乏的社会中诞生和发展的，封建制度的传统比较多，因而在我国进行民主建设有其艰巨性，同时决定了民主建设的迫切性。党的十一届三中全会以后，我国人民在邓小平理论指引下，总结历史教训，在民主制度的恢复与建设上取得了巨大成就。

坚持和发展人民代表大会制度。人民代表大会制度是中国共产党领导下的人民民主制度，实践证明，实行人民代表大会这种议行合一的制度符合我国的实际情况。经过数十年的建设发展，我国各级人民代表大会的实际地位有了显著提高，在体现人民群众意志，进行民主监督方面，起了很大作用。当然，我国人民代表大会制度还有待于进一步的完善，要把主要依靠行政手段、政策手段的领导方式逐步转变为主要依靠法律手段。

在社会生活各方面实行民主。马克思主义认为，作为上层建筑的民主制度，始终受经济基础和上层建筑的其他方面的制约。因此只有社会各个领域都实行民主，才有可能建立民主制度。

经济生活的民主化，首先在农村普遍推行了家庭联产承包责任制，使农民享有生产管理的自主权；其次推行了城市经济体制改革，让企业直接面对市场，特别是国有企业逐步完成了由计划调控到市场调节，实现企业生产管理的民主化、市场化；再次是文化生活的民主化，改革开放后，中央贯彻了“百花齐放、百家争鸣”的方针，文艺作品的创作和引进都有了很大的发展，文化市场的繁荣使人民可以选择适合自己需要的文化消费品。在其他生活领域，民主化进程也有了很大的发展，如妇联、工会组织等都有了发展，在反映群众意见中起了很大的作用。

（二）立法、司法制度、行政执法的恢复与建设

改革开放以来，我国从无法可依到有法可依，司法制度从不健全到初步建成，行政权力从缺乏制约到行政执法制度初步建成，立法、司法制度、行政执法都取得了巨大成效。

立法工作取得了重大进展。改革开放以来的 20 年间，全国人民代表大会及其常务委员会共制定了 280 多部法律，国务院制定了 700 多部行政法规，地方权力机关制定了 4000 多部地方性法规。在国家的政治、经济和其他主要领域，已基本做到了有法可依。但是我们还有不少重要的法律没来得及制定，法律体系还不完备。比如我们的社会保障法、反垄断法等还没有制定出来等。

司法制度由不健全到初步建成。我们是从砸烂“公、检、法”的极“左”思潮的干扰中重建司法制度的。在这20多年里，确立了这样一些基本原则和制度：司法机关依法独立行使审判权和检察权；法律面前一律平等；以事实为根据，以法律为准绳；保障人权；等等。在这段时间里，还形成并完善了民事诉讼、行政诉讼和刑事诉讼制度。我们今后的目标是，进一步落实司法机关独立行使司法权的原则和制度，借鉴国际通行做法，对司法机关从机构设置、职权划分到管理体制、诉讼制度、监督机制，进行必要的完善和改革，从而保证司法公正。

行政权力从缺乏制约到行政执法制度的初步建成，再到行政法治的实现。中国在相当长时期内，行政权力缺乏法律的有效控制，行政法一直被理解为“管理法”，而不是“控权法”，这就导致行政机关及其工作人员的权力不受或很少受到法律的约束。损害行政相对人权利时，也难以保证行政相对人权益得到补偿和救济。我国制定并实施了行政诉讼法、行政复议法、国家赔偿法和行政处罚法，这对行政权力无疑是一种控制，对行政相对人则是一种权利保障。但是我们在行政执法上还存在一些较严重的问题，诸如行政规章缺乏监督、滥用处罚、以罚代刑等。另外，对行政相对人的权利保障和救济措施不力，廉政与勤政还做得不理想，这都是今后行政执法制度改革所要解决的问题。

（二）社会主义市场经济法治建设

市场经济从根本上来说是法制经济，没有法治也就没有市场经济可言。因而，社会主义市场经济对社会主义法治建设有了更高的要求，特别是我国社会主义市场经济是经历了许多曲折才逐步建立起来的，又受到苏联模式的制约和传统的轻商思想的影响，因而更具有艰巨性与挑战性。建设确实能保障市场经济有序、规范、健康发展的法治，是社会主义发展过程中的一项长期任务。

要达到这一目的，除了加强立法、司法、行政工作以外，更重要的是：

（1）抓好执法队伍的数量和质量，执法队伍包括公务员队伍、法官队伍、检察官队伍。因为历史的原因，我国的执法队伍一度数量奇缺，几乎是通过突击培训，甚至是在边执法边学法的过程中形成执法队伍的。这样的情况显然与高素质的执法队伍要求相去甚远。现在，我们有了一批具有较高素质的行政管理人员、法官和检察官，我们制定了法官法检察官法和人民警察法等有关司法职业的法律。现阶段的主要任务是为了提高执法人员的业务素质，造就精通法律的实用人才，必须贯彻落实法官法、检察官法等法律法规中的具体制度；

（2）普及法律知识，增强公民法律意识，树立法治观念。我们在20世纪末开展的“一五”普法、“二五”普法和“三五”普法以及现在正在进行的“四五”普法，是增强法律意识的重要途径，也已取得较显著的成效。广大公民初步形成一种学法、知法和运用法律的需要与习惯，权利观念大大加强。但是与社会主义法治的要求相比还有一定距离，表现在法律权威还只是一种主要靠强制而不是自治的外在权威，权利观念只停留在关心和保护自身权利的层面，没有把尊重和维护他人权利作为权利观念的应有内容，自觉履行义务的习惯还没有形成等。在干部的法律意识方面也存在一些特殊的问题，国家机关工作人员的法律意识会直接影响普通公民对法律的态度，所以在强调全民法治观念的过程中，更应重视对国家机关工作人员法治观念的培养。

只要通过各方面的努力，社会主义法治建设一定会得到稳定的发展，使我国成为富强、民主、文明、和谐的社会主义现代化国家。

三、法治国家的条件与主要标志

（一）法治国家的条件

民主是法治国家的基本条件。“民主”一词的字面意义为“坚持人民当家做主”。在我国，对民主的理解一般有三个方面：首先是一种国家制度；其次是国家确认公民的基本权利和义务；第三是民主这个概念还往往在传统、习惯、思想、作风、意识、观念态度、精神这些意义上被使用。民主作为一项国家政治制度，应包含如下三大原则：

1. 遵循预定程序原则

民主是多数人有理性的一种政治活动，因此，它必须受到人们预定程序规则的约束。但是，这种预定的程序规则应是人们事先共同认可的。一种成熟的民主制度，其预定的程序应当法律化。

2. 服从多数决策原则

民主是一种多数人参与决策的活动，如果不采用服从多数决策的原则，我们将会面对多种决策方案而无所适从。因此，采用服从多数决策原则，有利于提高民主政治的效率。

3. 保护少数意见原则

对于不同意多数人决策的少数意见应当允许其保留，并在法律上禁止对他们采取迫害性的措施。但是，保护少数意见原则并不允许这些持少数意见的人可以作出对抗多数人决策实施的行为。他们在行动上必须与多数人保持一致，否则他们将可能丧失民主的权利。作为现代法治的基础，民主政治应当进一步强调：①民主政治是国家权力全体人民共同富裕所有的一种政权模式，而且这种全体人民共同富裕对国家权力的拥有不是形式上的，而是实质性的、有效的。②民主政治是一种程序性的政治，它表现为政治权力的交替应当遵守预先设定的程序，且这种程序应当是公开的，能够保证人民平等、自由地参与，并表达自己的意见和愿望。③民主政治是一种能有效地实行以权力制约权力的政治。

法治国家，从某种意义上讲是一种社会理论。因而法治的意义更多地存在于其实现过程中，而不局限于其目标。民主政治是推动法治的内在动力，没有民主也就没有法治。因而民主政治是法治国家的基本条件。

（二）法治国家的主要标志

国家是否已经达到法治状态，其主要标志是什么，可以用以下一些标准来判断。

1.国家具有完备的法律体系

依法治国，归根到底就是依照宪法和法律治国。建立完备的法律体系是实行法治的主要标志。我们所提倡的“有法可依”也是这个意思，但这里的“法”有特定的条件和含义，它包括对法律体系科学性、人性、正义性方面的要求。完备的法律体系的具体要求有：

（1）制定的法律能够反映社会发展规律和时代潮流，体现人民的意志和利益。法治史上有“善法”与“恶法”之分，现实生活中同样存在不反映规律、不体现人民意志的“不法之法”，即“恶法"。那些为个别人和个别部门（行业）谋利益的所谓“法律”，虽然在形式上具有法律效力，但本质是违背法律的；

（2）国家能够积极地根据社会发展需要创制法律。立法者不应当被动消极地等待立法时机的成熟，在必要的情况下可以进行超前立法，对立法工作要有预见性计划；

（3）立法工作能够兼顾个别法规与法律体系的关系。法律体系是一个科学、严谨的规范系统，如果法律体系内部存在不协调、不配套，甚至相矛盾的话，就会影响法律的功能实效，甚至导致社会秩序混乱。因此，立法者必须及时对法律进行清理，确保法律体系内在的协调统一；

（4）在法律内容上还能够兼顾国家、社会、群体和个人的利益，处理好权利保障和权力制约以及必要的管理效率三者之间的关系，处理好权利与义务的关系。

2.严格的行政执法制度和公正的司法制度

法治国家的政权是法律赋予的，因此任何行政行为都应遵循法律的规定，在法定范围和程序中从事行政管理活动。通常情况下，行政主体必须遵循“无法定依据即无权力”的原则，这与公民、法人的“法无规定即自由”原则有一定区别。在现代社会，法律允许行政拥有一定程序的自由裁量权，但必须受“合法性”和“合理性”双重原则的约束和检验。所谓的“执法必严”，并不单纯要求执法者对被执法者的严厉或严格，更重要的是执法者严格依法行政。

公正的司法制度是解决纠纷、维护正义、补救权利和保障法律的关键环节。公正的司法制度具有以下特征：司法机关独立行使司法权，任何行政机关、社会团体和个人不得进行干涉；司法机关应有的法律地位得到切实保障；审判活动有公正的程序制度，保证案件的审理以事实为根据，以法律为准绳；审判活动同样保证法律面前人人平等；具有严明的冤案、错案责任追究制度。

3.健全的民主制度和监督制度

民主是法治的基本条件，同时民主制度还是法治的重要标志。这里的民主制度包括：公民的民主权利得到充分的保障，公民通过法定程序当家做主，进行重大决策，管理国家大事；国家权力的配置能够充分体现民主原则，处理中央与地方、领导者个人与领导集体、执政党与国家机构、执政党与其他政党团体等各方面的关系，都做到有制度可循；行政执法和司法过程中，也都体现民主原则，有民主的程序制度。法治历来总是与监督制度不可分割的，健全的监督制度是法治的又一重要标志。这种监督制度主要是公民对立法机关、行政机关和司法机关通过经常化的法律程序进行监督。如果没有有效的监督机制，就难以保证国家机构及其工作人员完全按照人民的意愿和利益办事。

4.法律职业共同体的形成

法律是靠人来执行的，法治的另一重要标志是形成法律职业共同体。法律职业共同体是指受过严格的专业训练，娴熟掌握法律职业技能与伦理的法律人所组成的共同体。法律人是法律职业共同体的成员，他们可以从事审判、检察、律师工作，也可以从事政府执法工作。律师、法官和检察官是法律职业的典型代表。法律职业素养包括法律职业思维、职业语言、职业知识、职业技术、职业伦理和职业信仰六个方面。

过去在讨论“法治与人治”问题时也有人强调法治离不开人的因素，因而主张法治与人治的结合，事实上强调法律职业者的重要性不能与人治画等号，人治意味着若把治理国家和控制社会的一切方式归结到个别领导人的贤明之上，当其他方式与领导人个人意志相矛盾时，则服从领导人个人意志。我们强调法律职业是法治的标志之一，恰恰是坚持法律至上，要求法律人严格依法办事。

5.较强的全民法律意识

执法者仅仅具备法律意识，还不足以实现法治。一个法治的社会里，全体公民都知法、守法，甚至把法律作为一种生活需要和信仰。有了法律意识，纸上的法律才能变成现实生活中的法律，成为民众内在的自我要求，守法光荣、违法可耻才能成为一种自觉的道德标准和价值观念。

项目2 刑法

任务一 刑法概述

一、刑法的概念和任务

（一）刑法的概念

刑法是统治阶级为了维护其阶级利益和统治秩序，根据自己的意志，以国家的名义颁布的规定犯罪、刑事责任与刑罚的法律规范的总和。简言之，刑法就是规定犯罪和刑罚的法律。

刑法有广义和狭义之分，狭义的刑法是指规定犯罪与刑罚的一般原则和具体 犯罪与刑罚的法律规范的刑法典；广义的刑法是指包括刑法典和单行刑事法律及非刑法规范性文件中的刑事规范。通常称狭义的刑法为普通刑法，称单行刑法和附属刑法为特别刑法。我国现行的刑法典是1979年通过，并经1997年、1999年、2001年、2002年、2005年、2006年、2009年、2011年8次修订的《中华人民共和国刑法》（以下简称《刑法》）。

（二）我国刑法的任务

我国《刑法》第2条明确规定，我国刑法的任务是运用刑罚同一切犯罪做斗争，保护国家和人民的利益，保障社会主义建设事业的顺利进行。具体包括：保卫国家安全和人民民主专政的政权和社会主义制度；保护国有财产、劳动群众集体所有的财产和公民私人所有的财产；保护公民的人身权利、民主权利和其他权利；维护社会秩序和经济秩序。

我国刑法的任务包括惩罚与保护两个方面。只有用刑罚惩罚各种犯罪，才能 保护国家利益和人民的合法权益；为了保护国家利益和人民的合法权益，必须运 用刑罚有效地惩罚各种犯罪。

二、刑法的基本原则

刑法的基本原则，是指刑法特有的在刑法的立法、解释和适用过程中所必须 普遍遵循的具有全局性、根本性的准则。刑法明文规定的基本原则有以下三项：

（一）罪刑法定原则

即法无明文规定不为罪，法无明文规定不处罚。什么行为构成犯罪、构成什么罪及处何种刑罚，均须由法律明文规定。罪刑法定原则派生的具体原则包括： 排斥习惯法、禁止类推、刑法原则上不溯及既往、禁止绝对不定期刑和刑法规范明 确化等原则。其实质是罪与刑的明确化、规格化和法定化。

（二）罪刑相当原则

它是指犯罪的社会危害性程度和应负刑事责任的大小，是决定刑罚轻重的主 要依据，重罪重罚、轻罪轻罚、无罪不罚、罪刑相当、罚当其罪。

（三）适用刑法一律平等原则

要求对于所有的犯罪人，不论其社会地位、民族、种族、性别、职业、宗教信仰、财产状况如何，在适用刑法上一律平等，任何人都不得有任何超越法律的特权。 这一原则是“公民在法律面前，人人平等”的宪法原则在刑法中的体现。

除上述明文规定的刑法基本原则以外，刑法的基本原则还包括：惩办与宽大 相结合原则、主客观相一致原则以及罪责自负原则。

三、刑法的效力

刑法的效力，即刑法的适用范围，就是指刑法在什么地方、对什么人和在什么时间内具有效力。它包括刑法的空间效力范围和刑法的时间效力范围。

（一）刑法的空间效力

刑法的空间效力，是指刑法效力所及的地域、人及事的范围。各国刑法对此有不同的规定。我国刑法采取了以属地原则为基础，兼采属人原则和保护原则，并在一定范围内兼采普遍管辖原则的结合型刑事管辖体制。《刑法》第6条规定："凡在中华人民共和国领域内犯罪的，除法律有特别规定以外，都适用本法。"在内容上采用的是行为结果择一原则。中华人民共和国领域是指我国国境以内的全部区域，包括领陆、领水和领空，在我国船舶或航空器内犯罪的，也适用我国刑法。《刑法》第11条所规定的"享有外交特权和豁免权的外国人的刑事责任，通过外交途径解决"就是本条所讲的"法律有特别规定"的情形之一。《刑法》第7条规定："中华人民共和国公民在中华人民共和国领域外犯本法规定之罪的，适用本法，但是按本法规定的最高刑为三年以下有期徒刑的，可以不予追究。中华人民共和国国家工作人员和军人在中华人民共和国领域外犯本法规定之罪的，适用本法。"

《刑法》第8条规定："外国人在中华人民共和国领域外对中华人民共和国国 家或者公民犯罪，而按本法规定的最低刑为三年以上有期徒刑的，可以适用本法，但是按照犯罪地的法律不受处罚的除外。"《刑法》第9条规定："对于中华人民共 和国缔结或者参加的国际条约所规定的罪行，中华人民共和国在所承担的义务范 围内行使刑事管辖权的，适用本法。"

（二）刑法的时间效力

刑法的时间效力，是指刑法生效和失效的时间以及刑法是否具有溯及既往的 效力。

1. 刑法的生效时间

刑法的生效时间通常有两种情况：一是即时生效，即刑法自公布之日起生效； 二是隔时生效，即刑法公布以后一段时间再生效。我国现行刑法于1997年3月14日修订并公布，自1997年10月1日起施行。

2. 刑法的失效时间

刑法的失效时间通常也有两种情况：一是明示废止，即由新刑法明文规定废 止；二是自行废止，即由于新刑法的颁布，代替了相同内容的原有法律，原有法律 自行失效。

3. 刑法的溯及力

我国刑法采取从旧兼从轻原则，就是指新刑法颁布实施以前的行为，原则上 适用行为当时的法律，即新刑法无溯及力，从旧；但是如果新刑法对该行为处罚更 轻时，则适用新刑法，即有溯及力，从轻。对于新刑法实施以前发生的、新刑法施 行以后尚未审理或正在审理的案件，按法律规定作如下处理：当时的法律不认为 是犯罪的，适用当时的法律；新刑法不认为是犯罪的，适用新刑法；如果当时的法 律和新刑法都认为是犯罪的，并且依照新刑法规定应当追诉的，原则上按照当时 的法律。但是，如果当时的法律处刑比新刑法重，则适用新刑法。新刑法生效以 前，已经作出的生效判决继续有效。

任务二 犯罪

一、犯罪的概念和特征

（一）犯罪的概念

一般地说，所谓犯罪，是指统治阶级以法律规定的，危害其阶级利益和统治秩序而应处以刑罚的行为。

我国《刑法》第13条规定："一切危害国家主权、领土完整和安全，分裂国家、颠覆人民民主专政的政权和推翻社会主义制度，破坏社会秩序和经济秩序，侵犯国有财产或者劳动群众集体所有的财产，侵犯公民私人所有的财产，侵犯公民的人身权利、民主权利和其他权利以及其他危害社会的行为，依照法律应当受刑罚处罚的，都是犯罪，但是情节显著轻微危害不大的，不认为是犯罪。"这条规定，是对犯罪概念所做的科学概括。它是我们认定犯罪，划分罪与非罪界限的法律依据。

（二）犯罪的特征

1. 严重的社会危害性

犯罪是严重危害社会的行为，社会危害性的轻重大小主要决定于以下几方面：一是行为侵犯的客体，即行为侵犯了什么样的法律关系；二是行为的手段、后果以及时间、地点；三是行为人的情况及其主观心理状态。

2. 刑事违法性

犯罪是触犯刑律的行为，即具有刑事违法性。行为的社会危害性是刑事违法性的基础，刑事违法性是社会危害性在刑法上的表现。犯罪是触犯刑律的行为，不能把犯罪行为同一般违法行为混为一谈，更不能把犯罪行为同违反道德的行为混为一谈。

3. 应受刑罚处罚性

犯罪是适用刑罚的前提，刑罚是犯罪的法律后果。只有对具有一定的社会危害性，又触犯刑律的犯罪行为，才能适用刑罚处罚。应受刑罚处罚性既是对犯罪行为的评价，也是犯罪概念的一个基本特征。

犯罪的三个基本特征是紧密联系，不可分割的。严重的社会危害性是后两个特征的基础，缺乏这一基础，刑事违法性和应受刑罚处罚性便不存在。没有刑事违法性，严重的社会危害性就失去了准绳。没有应受刑罚处罚性，前两个特征就失去了最终归宿。

二、犯罪构成

犯罪构成是指我国《刑法》所规定的，决定某种行为构成犯罪所必须具备的客观要件和主观要件的有机整体。

各个具体的犯罪都有其主体构成要件。把各个具体犯罪的构成要件加以科学的抽象，概括出各种不同犯罪构成的共同组成要素，这就是犯罪构成的共同要件。它包括犯罪客体、犯罪客观方面、犯罪主体和犯罪主观方面。一个行为，必须同时具备这四个要件，才能构成犯罪。因此，犯罪构成是认定犯罪的具体标准。

（一）犯罪客体

犯罪客体是指刑法所保护的，而为犯罪行为所侵害的社会主义社会关系。

根据犯罪人侵犯的社会关系的不同，将犯罪客体分为一般客体、同类客体和直接客体。一般客体是指一切犯罪共同侵害的社会关系。同类客体是指某一类犯罪所共同侵害的社会关系。直接客体是指某一个具体犯罪所侵害的社会关系。

犯罪客体和犯罪对象既有联系又有区别。二者的联系表现在：（1）犯罪对象是社会关系存在的前提和条件，是犯罪客体的物质载体或者主体承担者；（2）犯罪对象在不同场合会表现为不同的犯罪客体。二者的区别表现在：（1）犯罪客体是任何犯罪构成的必要要件，能够决定犯罪的性质，犯罪对象不具有这一属性；（2）任何犯罪都使一定的犯罪客体受到侵害，犯罪对象则不一定受到损害。

（二）犯罪的客观方面

犯罪的客观方面是指《刑法》所规定的、构成犯罪在客观上必须具备的危害社会的行为和由这种行为所引起的危害社会的结果。

犯罪的客观方面分为必要要件和选择要件。必要要件包括犯罪的行为、结果和因果关系；选择要件包括犯罪的时间、地点和方式等。

危害社会的行为分为作为和不作为。作为是指行为人以积极的行动实施的刑法所禁止的危害社会的行为；不作为是指行为人有义务并且能够履行该义务，消极地不去履行而造成严重危害结果的行为。不作为义务的根据有：法律明文规定的义务；职务或业务上要求履行的义务；行为人先行行为产生的义务。

危害社会的结果是指危害社会的行为对我国刑法所保护的客体所造成的损害。危害结果分为物质性结果和非物质性结果两种。

刑法上的因果关系是指危害社会的行为和危害社会的结果之间存在的引起和被引起的关系。因果关系的存在，是确定行为人刑事责任的前提之一。

（三）犯罪主体

犯罪主体是指实施了犯罪行为，依法应当承担刑事责任的人。

犯罪主体包括自然人，也包括单位。

承担刑事责任的前提之一是主体具有刑事责任能力。刑事责任能力，是指行为人构成犯罪和承担刑事责任所必须具备的刑法意义上辨认和控制自己行为的能力。辨认能力是指行为人对自己行为在刑法上的意义、性质、后果的分辨认识能力。控制能力是指行为人决定自己是否以行为触犯刑法的能力。辨认能力是刑事责任能力的基础。控制能力是刑事责任能力的关键。

影响刑事责任能力的因素有刑事责任年龄和精神与身体状况。

刑事责任年龄是指刑法规定的应当对自己实施的危害社会行为负刑事责任的年龄。我国《刑法》第 17 条将刑事责任年龄分为四个阶段：

（1）不满 14 周岁的人，完全不负刑事责任；

（2）已满 14 周岁不满 16 周岁的人，只对犯故意杀人、故意伤害致人重伤或死亡、强奸、抢劫、贩卖毒品、放火、爆炸、投放危险物质罪承担刑事责任；

（3）已满 16 周岁的人，对一切犯罪都应负刑事责任；

（4）已满 14 周岁不满 18 周岁的人犯罪，应当从轻或者减轻处罚。

行为人的精神或身体状况也对刑事责任能力有影响。《刑法》第 18 条规定了精神病人的刑事责任能力：

一是“精神病人在不能辨认或者不能控制自己行为的时候造成危害结果，经法定程序鉴定确认的，不负刑事责任”，即为完全不负刑事责任的精神病人。

二是“间歇性的精神病人在精神正常的时候犯罪，应当负刑事责任”，即为完全负刑事责任的精神障碍人。

三是“尚未完全丧失辨认或者控制自己行为能力的精神病人犯罪的，应当负刑事责任但是可以从轻或者减轻处罚”，即为限制刑事责任的精神障碍人。

醉酒的人犯罪，应当负刑事责任。

《刑法》第19条规定了身体残疾人的刑事责任能力，“又聋又哑的人或者盲人犯罪，可以从轻、减轻或者免除处罚”。

犯罪主体分为一般主体和特殊主体。一般主体是指达到刑事责任年龄，具备刑事责任能力的主体。特殊主体是指满足一般主体的要求外，还需要具备特殊身份的主体。特殊主体的身份有时影响到定罪，如同样采取盗窃的手段，一般主体只能构成盗窃罪，而具备国家工作人员身份的就可能构成贪污罪；有时则可能会影响到量刑。

（四）犯罪主观方面

犯罪主观方面，是指刑法规定的，行为主体对其实施的危害行为及其可能引起的危害结果所持的心理态度。包括犯罪的故意、过失、目的和动机。

1. 犯罪的故意

犯罪的故意，是指行为人明知自己的行为会发生危害社会的结果，并且希望或放任这种结果发生的心理态度。犯罪故意有两种：一种是直接故意，即行为人明知自己的行为会发生危害社会的结果，并希望这种结果发生的心理态度。我国《刑法》所规定的绝大多数故意犯罪，是由直接故意的心理状态构成的，其中有些犯罪如强奸罪、抢劫罪等只能由直接故意构成。另一种是间接故意，即行为人明知自己的行为会发生危害社会的结果，并且放任这种结果发生的心理状态。直接故意的犯罪一般情况下比间接故意的犯罪具有更大的主观恶性。

2. 犯罪的过失

犯罪的过失，是指行为人应当预见到自己的行为可能会发生危害社会的结果，由于疏忽大意没有预见，或者已经预见而轻信能够避免，以致发生这种结果的心理态度。犯罪过失有两种：一种是疏忽大意的过失，即行为人应当预见到自己的行为可能发生危害社会的结果，因为疏忽大意而没有预见，以致发生这种结果的心理态度；另一种是过于自信的过失，即行为人已经预见到自己的行为可能发生危害社会的结果，但轻信能够避免，以致发生这种结果的心理态度。行为人基于过失的心理而造成危害结果的，只有在法律明确规定的情况下，才成立犯罪。

3. 犯罪目的和动机

犯罪目的是指行为人通过实施刑法所禁止的危害行为希望达到某种特定危害结果的心理愿望。犯罪目的只存在于直接故意的犯罪中。我国《刑法》规定的有些犯罪，必须以特定的犯罪目的作为构成要件。

犯罪动机是指刺激、促使犯罪人实施犯罪行为以达到犯罪目的的内心起因或思想活动。犯罪动机不是犯罪构成的要件，但是，它可以反映行为人主观恶性程度，因此，犯罪动机影响量刑。

4. 无罪过事件

我国《刑法》第 16 条规定：“行为在客观上虽然造成了损害结果，但是不是出于故意或者过失，而是由于不能抗拒或者不能预见的原因所引起的，不是犯罪。”这一情况在刑法理论上称为无罪过。

三、正当防卫和紧急避险

正当防卫和紧急避险是与犯罪行为极为类似且关系密切的合法行为。

（一）正当防卫

我国《刑法》第 20 条第 1 款规定：“为了使国家、公共利益、本人或者他人的人身、财产和其他权利免受正在进行的不法侵害，而采取的制止不法侵害的行为，对不法侵害人造成损害的，属于正当防卫，不负刑事责任。”

正当防卫的本质是制止不法侵害，保护合法权益。正当防卫是法律赋予公民与违法犯罪行为做斗争的一项权利，也是公民道义上的义务，对于人民警察等负有制止不法侵害职责的人员来说，还是法律上的义务。行使正当防卫必须符合一定的条件：

（1）必须存在现实的不法侵害行为。所谓不法侵害行为，就是指违法行为，包括犯罪行为和一般违法行为。不法侵害既包括对防卫人的人身和其他权利的不法侵害，也包括对公共利益或者第三人的人身和其他权利的不法侵害。同时，这种不法侵害必须是客观真实存在的，而不是行为人的主观臆想或推测。对于合法的行为，不允许实行正当防卫；

（2）必须是不法侵害行为正在进行。所谓不法侵害行为正在进行，是指不法侵害已经开始且尚未结束。已经开始，一般可以理解为侵害人已经着手直接实行侵害行为；而不法侵害尚未结束，是指不法侵害行为或其导致的危险状态尚在继续中，防卫人可以用防卫手段予以制止或排除。对于尚未开始的侵害行为或者已经结束的侵害行为，都不能实行正当防卫；

（3）防卫的目的必须是为使合法权益免受不法侵害。如果行为人相互地非法侵害，或者为了侵害他人而挑起对方攻击自己，然后再借口实施防卫，都不是正当防卫；

（4）必须是针对不法侵害者本人实施防卫。正当防卫的目的是制止正在进行的不法侵害，因此，只能针对正在实施不法侵害者本人实施防卫，对于没有实施不法侵害的人就没有防卫可言；

（5）正当防卫必须没有明显超过必要限度。这里的“必要”限度，应以能有效制止不法侵害所必需为标准。如果防卫行为明显超过必要限度造成重大损害的，属于防卫过当。防卫过当应负刑事责任，但是应当减轻或免除处罚。《刑法》第20条第3款规定：“对正在进行行凶、杀人、抢劫、强奸、绑架以及其他严重危及人身安全的暴力犯罪，采取防卫行为，造成不法侵害人伤亡的，不属于防卫过当，不负刑事责任。”这就是刑法理论上的特殊防卫权，它不受必要限度的限制。

（二）紧急避险

《刑法》第21条规定：“为了使国家、公共利益、本人或者他人的人身、财产和其他权利免受正在发生的危险，不得已采取的紧急避险行为，造成损害的，不负刑事责任。”据此规定，我国《刑法》中的紧急避险，是指为了使国家、公共利益、本人或者他人的人身、财产和其他权利免受正在发生的危险，不得已而采取的损害另一较小合法权益，保护较大的合法权益的行为。根据《刑法》的这一规定，紧急避险必须具备下列条件：

（1）必须是为了使国家、公共利益、本人或者他人的人身、财产和其他合法权利免受正在发生的危险而采取的。《刑法》关于避免本人危险的规定，不适用于职务上、业务上负有特定责任的人。紧急避险的目的是保护较大的合法权益。为了保护某种非法利益，而进行所谓的紧急避险，则是一种违法行为。构成犯罪的，还要依法追究其刑事责任；

（2）必须是对正在发生的危险而采取的。所谓正在发生的危险，是指已经发生的危险即将造成损害，或者是已造成损害而尚未结束。紧急避险只能在危险已经发生而又尚未解除这一时间条件下进行。如果危险尚处于潜在状态，或者危险已经排除，都不能实行紧急避险；

（3）必须是在迫不得已的情况下采取的。就是说行为人找不到任何其他方法排除危险，出于迫不得已而采取的紧急避险行为，给第三者合法权益造成损害的，不负刑事责任。如果当时还有其他方法可以避险，行为人却不采取，而给无辜的第三者合法权益造成了不应有的损害，其行为不属于紧急避险，构成犯罪的还要负刑事责任；

（4）紧急避险不能超过必要限度而造成不应有的损害。紧急避险造成的损害必须小于所避免的损害。紧急避险行为所损害的，既不能大于也不能等于所要保护的合法权益。紧急避险超过必要限度，造成不应有的损害的，应当负刑事责任；但是应当减轻或者免除处罚。

四、犯罪形态

（一）犯罪形态概述

犯罪形态也称犯罪停止形态，是指直接故意犯罪在发生、发展和完成犯罪的过程及阶段中因主客观原因而停止下来的各种犯罪形态。

直接故意犯罪在追求完成某种犯罪的心理支配下，客观上就会有一个预备、实施和完成犯罪的过程和阶段。在这一过程顺利完成的情况下，就形成了犯罪的既遂，未完成就会形成预备、未遂。其中，犯罪预备、未遂和既遂是三种犯罪的形态。犯罪中止则可能发生在既遂前的任何阶段，它本身不是一个独立的阶段。

（二）犯罪既遂

犯罪既遂是指行为人所故意实施的行为已经具备了某种犯罪构成的全部要件。犯罪既遂有四种类型：

（1）结果犯，是指以法定的危害结果作为犯罪构成客观方面的必要条件的犯罪；

（2）行为犯，是指以实行法定的犯罪行为作为犯罪构成必要条件的犯罪；

（3）危险犯，是指实施了刑法分则所规定的足以发生某种严重危害结果危险的犯罪；

（4）目的犯，是指以目的实现标志着全部犯罪要件已经齐备的犯罪。

（三）犯罪预备

犯罪预备，是指行为人为实施犯罪而开始创造条件的行为，由于行为人意志以外的原因而未能着手犯罪实行行为的犯罪停止犯罪预备行为有：

（1）为实施犯罪准备工具；

（2）为实施犯罪创造便利条件。

对于预备犯，可以比照既遂犯从轻、减轻处罚或者免除处罚。

（四）犯罪未遂

犯罪未遂是指已经着手实行犯罪，由于犯罪分子意志以外的原因而未得逞的犯罪形态。犯罪未遂的特征：

（1）行为人已经着手实行犯罪。已经着手实行犯罪是指行为人已经开始实施《刑法》分则中具体犯罪构成要件的犯罪行为。这是犯罪未遂与犯罪预备区别的主要标志；

（2）犯罪未得逞。所谓未得逞，是指犯罪分子的行为没有完成某一犯罪的全部构成要件。犯罪未得逞是由于犯罪分子意志以外的原因，包括客观原因和主观原因。

对于未遂犯，可以比照既遂犯从轻或者减轻处罚。

（五）犯罪中止

犯罪中止是指在犯罪过程中，自动放弃犯罪或者自动有效地防止犯罪结果发生的犯罪形态。犯罪中止必须具备三个要件：

（1）犯罪中止必须发生在犯罪分子犯罪过程中，犯罪既遂以前；

（2）犯罪中止是犯罪分子自动放弃犯罪，即犯罪分子认为可以继续实施下去，却自动放弃犯罪的行为；

（3）犯罪中止必须是彻底有效的中止。犯罪分子暂时放弃等待时机的不是犯罪中止。对于中止犯，没有造成损害的，应当免除处罚；造成损害的应当减轻处罚。

五、共同犯罪

（一）共同犯罪的概念

共同犯罪，是指二人以上共同故意犯罪。二人以上共同过失犯罪，不以共同犯罪论处。构成共同犯罪，必须具备下列条件：

主体条件是二人以上且具有刑事责任能力。如果二人以上实施危害社会的行为，其中只有一个人具有刑事责任能力，则不能构成共同犯罪。

客观条件是二人以上有共同犯罪的行为。共同犯罪人为了完成一个共同的犯罪，他们的犯罪行为，是紧密联系，互相配合，每个共同犯罪人的犯罪行为都是共同犯罪活动的有机组成部分。共同犯罪行为，既可以表现为共同的作为，也可以表现为共同的不作为，还可以表现为作为与不作为的结合。

主观条件是二人以上有共同犯罪的故意。每个共同犯罪人都不仅认识到自己在实施某种犯罪，而且认识到还有其他共同犯罪人和自己一起在共同实施这种犯罪。每个共同犯罪人对他们共同犯罪行为会发生的犯罪结果，都是明知并且抱着希望或者放任其发生的态度。

（二）共同犯罪的形式

共同犯罪的形式，是指二人以上共同犯罪的结构或者共同犯罪人之间结合的方式。

共同犯罪的形式，分为一般共同犯罪和犯罪集团。

一般共同犯罪，是指二人以上为实施特定犯罪而事前或临时结合的无特殊组织形式的共同犯罪。

对于犯罪集团，《刑法》第 26 条规定：“三人以上为共同实施犯罪而组成的较为固定的犯罪组织，是犯罪集团。”犯罪集团具有下列特征:（1）主体必须是由三人以上组成的;（2）具有一定的组织性；（3）具有共同实施某种犯罪的目的性；（4）具有相对的固定性；（5）具有严重的社会危害性。犯罪集团历来是刑法打击的重点。

（三）共同犯罪人的种类

在共同犯罪活动中，由于各个共同犯罪人所处的地位和所起的作用以及对社会的危害程度不同，因而每个人应当承担的刑事责任也应当有所不同。为了明确打击重点、区别对待，准确地依法定罪量刑，我国《刑法》把共同犯罪人分为主犯、从犯、胁从犯和教唆犯。

1. 主犯

主犯，是指组织、领导犯罪集团进行犯罪活动的或者在共同犯罪中起主要作用的犯罪分子。主犯比其他共同犯罪人具有更大的社会危害性，应当从重处罚。我国《刑法》规定对组织、领导犯罪集团的首要分子，按照集团所犯的全部罪行处罚。对于组织、领导犯罪集团首要分子以外的主犯，应当按照其所参与的或者组织、指挥的全部犯罪处罚。

2. 从犯

从犯，是指在共同犯罪中起次要或者辅助作用的犯罪分子。我国《刑法》规定，对于从犯，应当从轻、减轻处罚或者免除处罚。

3. 胁从犯

胁从犯，是指被胁迫参加犯罪的犯罪分子，胁从犯在共同犯罪中，处于被动地位，罪行也比较轻。我国《刑法》规定，对于被胁迫参加犯罪的，应当按照他的犯罪情节减轻处罚或者免除处罚。

4. 教唆犯

教唆犯，是指故意唆使他人实施犯罪的犯罪分子。教唆犯必须有教唆他人实施犯罪的故意。如果由于言行不慎，无意中引起他人的犯罪意图的，不能认为是教唆犯。我国《刑法》规定，教唆他人犯罪的，应当按照他在共同犯罪中所起的作用处罚。教唆不满 18 周岁的人犯罪的，应当从重处罚。如果被教唆的人没有犯被教唆的罪，对于教唆犯，可以从轻或者减轻处罚。

六、单位犯罪

（一）单位犯罪的概念和特征

单位犯罪，是指公司、企业事业单位、机关、团体实施的依法应当负刑事责任的危害社会的犯罪行为。单位犯罪具有以下特征：

（1）单位犯罪的主体，是公司、企业事业单位、机关、团体。单位犯罪不仅包括法人所实施的犯罪，也包括非法人单位所实施的犯罪。单位犯罪必须是经过单位决策机构或主要负责人的决定；

（2）单位犯罪是以单位名义实施的危害社会的行为；

（3）单位实施的危害社会的行为，必须是法律明文规定为单位犯罪的，单位才成为犯罪主体；

（4）单位犯罪多数是故意犯罪。

（二）单位犯罪的处罚

我国《刑法》规定："单位犯罪的，对单位判处罚金，并对其直接负责的主管人员和其他直接责任人员判处刑罚。本法分则和其他法律另有规定的，依照规定。"对于单位犯罪，一般采取"双罚制"，即对单位判处罚金，并对其直接负责的主管人员和其他直接责任人员判处刑罚。个别单位犯罪仅处罚个人，不处罚单位。有的处罚单位直接负责的主管人员和其他直接责任人员；有的仅仅处罚直接责任人员。

任务三 刑罚

一、刑罚的概念和种类

刑罚是人民法院以国家的名义惩罚犯罪的一种强制方法。同行政制裁、民事制裁等其他强制方法相比，刑罚具有以下特点：①刑罚是最严厉的强制方法，它不仅可以剥夺犯罪人的财产和政治权利，而且可以剥夺其人身自由甚至生命。②刑罚只能对触犯刑法构成犯罪的人适用，对无罪的人不适用刑罚；刑罚只能由人民法院代表国家依法适用，其他任何机关、团体和个人都无权适用。

我国刑罚分主刑和附加刑两大类。对于犯罪的外国人可以独立适用或者附加适用驱逐出境。

（一）主刑

主刑又叫基本刑，是对犯罪分子适用的主要刑罚方法。主刑只能独立适用，不能附加适用。主刑有以下五种：

1. 管制

管制是对犯罪分子不予关押，但限制其一定自由，交由公安机关执行并接受群众监督改造的刑罚方法。管制是最轻的主刑，适用于罪行较轻、有悔悟表现，不关押也不至再危害社会的刑事犯罪分子。我国《刑法》规定，对于被判处管制的犯罪分子，在劳动中应当同工同酬。管制的期限为 3 个月以上 2 年以下，数罪并罚时最高不能超过 3 年。

2. 拘役

拘役是短期剥夺犯罪分子的人身自由，并就近实行劳动改造的刑罚方法。拘役是介于管制与有期徒刑之间的主刑，主要适用于罪行情节较轻无须判处有期徒刑而又必须判刑进行短期关押改造的犯罪分子。我国《刑法》规定，拘役的期限为 1 个月以上 6 个月以下，数罪并罚时最高不能超过 1 年。被判处拘役的犯罪分子每月可以回家 1~2 天；参加劳动的，可以酌量发给报酬。

3. 有期徒刑

有期徒刑是剥夺犯罪分子一定期限的人身自由，并强制劳动改造的刑罚方法。有期徒刑是我国刑罚中适用范围最广的主刑。由于它的刑期幅度大，适用面宽，因而既可以适用较重的犯罪，也可以适用较轻的犯罪。它有利于人民法院根据各种犯罪的不同性质、情节和对社会的危害程度，依法在量刑幅度内判处轻重相适应的刑罚。有期徒刑的期限为 6 个月以上 15 年以下，数罪并罚的最高期限不能超过 20 年。

4. 无期徒刑

无期徒刑是剥夺犯罪分子终身自由，并实行强制劳动改造的刑罚方法。无期徒刑是仅次于死刑的一种严厉的刑罚。它的适用对象是那些罪行严重，但尚不够判处死刑，而判处有期徒刑又嫌轻的犯罪分子。无期徒刑从性质上讲是一种终身监禁的刑罚，但是根据我国《刑法》的规定，只要犯罪分子认罪伏法，认真遵守监规，接受教育改造，确有悔改或立功表现，在刑罚执行一定期限以后，可以被减为有期徒刑，还可以依法假释。

5. 死刑

死刑是剥夺犯罪分子生命的刑罚方法。它是我国刑罚中最严厉的一种刑罚方法。我国《刑法》规定，死刑只适用于罪行极其严重的犯罪分子。同时，对死刑的适用在总体上作了严格的限制。表现为：

（1）从法定情节严格限制死刑的范围。如在《中华人民共和国刑法分则》条文中，都是把死刑作为选择法定刑加以规定，只要不是罪行极其严重的，都给予从轻判处其他刑罚的选择余地；在有死刑的条文中，都规定有“重大损失”“严重后果”等作为严格限制适用死刑的条件；

（2）从主体上对适用死刑作了严格的限制。对于犯罪的时候不满 18 周岁的人和审判的时候怀孕的妇女不适用死刑，包括不能判处死缓；

（3）从死刑核准程序上严格控制。死刑除依法由最高人民法院判决的以外，都应当报请最高人民法院核准。死刑缓期执行的，可以由高级人民法院判决或者核准；

（4）保留了死刑缓期执行制度，即死缓制度。死缓制度不是独立的刑种，而是死刑的一种特殊的执行制度。我国《刑法》规定，对于应当判处死刑的犯罪分子，如果不是必须立即执行的，可以判处死刑同时宣告缓期二年执行。对于死刑缓期执行的，在死刑缓期执行期间，如果没有故意犯罪，两年期满以后，减为无期徒刑；如果确有重大立功表现，两年期满以后，减为 15 年以上 20 年以下有期徒刑；如果故意犯罪，查证属实的，由最高人民法院核准，执行死刑。

（二）附加刑

附加刑也称从刑，是补充主刑适用的刑罚方法。它既可以随主刑附加适用，也可以独立适用。一个主刑可以同时附加一个或者几个附加刑。附加刑有以下几种：

1. 罚金

罚金是人民法院判处犯罪分子向国家缴纳一定数额金钱的刑罚方法。主要适用破坏社会主义市场经济秩序罪和其他以贪财图利为目的的犯罪，对那些见利妄为的犯罪分子，给予经济上的必要制裁。罚金不同于行政罚款，罚款是行政执法部门对违法行为人适用的一种行政处罚方法，罚金则是由人民法院对犯罪分子判处的一种刑罚。

2. 剥夺政治权利

剥夺政治权利是剥夺犯罪分子参加国家管理和政治活动权利的刑罚方法。剥夺政治权利是指剥夺下列权利：

（1）选举权和被选举权；

（2）言论、出版、集会、结社、游行、示威自由的权利；

（3）担任国家机关职务的权利；

（4）担任国有公司、企事业单位和人民团体领导职务的权利。

对于危害国家安全的犯罪分子应当附加剥夺政治权利；对于故意杀人、强奸、放火、爆炸、投毒、抢劫等严重破坏社会秩序的犯罪分子，可以附加剥夺政治权利。剥夺政治权利的期限分为以下几种情况：

第一，判处死刑、无期徒刑的犯罪分子，应当剥夺政治权利终身；在死刑缓期执行减为有期徒刑或者无期徒刑减为有期徒刑的时候，应当把附加剥夺政治权利的期限改为 3 年以上 10 年以下。

第二，判处管制附加剥夺政治权利的，剥夺政治权利的期限与管制的期限相等，同时执行。

第三，独立适用剥夺政治权利或判处有期徒刑、拘役附加剥夺政治权利的，剥夺政治权利的期限都应当在 1 年以上 5 年以下。附加剥夺政治权利的刑期，从徒刑、拘役执行完毕之日或者从假释之日起计算；剥夺政治权利的效力当然适用主刑执行期间。

3. 没收财产

没收财产是将犯罪分子个人所有财产的一部分或者全部，强制无偿地收归国有的刑罚方法。主要适用危害国家安全和严重破坏社会主义市场经济秩序、侵犯财产以及以营利为目的的妨害社会管理秩序的犯罪分子。对犯罪分子适用没收财产，既是对其贪财图利的犯罪给予应有的惩罚，也是从经济上摧垮其赖以犯罪的物质基础。没收全部财产的，应当对犯罪分子个人及其扶养的家属保留必要的生活费用；没收财产以前犯罪分子所负的正当债务，需要以没收的财产偿还的，经债权人请求，应当偿还。

二、刑罚的具体运用

（一）量刑

量刑是人民法院对于犯罪分子依法裁量决定刑罚的审判活动。人民法院的刑事审判活动有两个基本环节：一是定罪，二是量刑。定罪是量刑的前提和基础，量刑则是审判工作的中心。人民法院审理刑事案件，只有切实做到定性准确、量刑适当，对犯罪分子罚当其罪，才能实现刑罚的目的，有效地发挥审判工作维护社会主义法制、促进社会主义建设事业的积极作用。

我国《刑法》规定，对犯罪分子决定刑罚的时候，应当根据犯罪的事实、犯罪的性质、犯罪的情节和对社会的危害程度，依照《刑法》的有关规定判处。量刑时，一要以犯罪事实为根据，二要以刑事法律为准绳。我国《刑法》根据犯罪的不同情况和不同情节分别规定了各种犯罪的量刑幅度以及从重、从轻、减轻、免除处罚的具体制度。这里的从重处罚是指审判机关在法定刑的限度内对犯罪人处以较重刑罚，从轻处罚是指审判机关在法定刑的限度内对犯罪人处以较轻刑罚，减轻处罚是指审判机关在法定最低刑以下对犯罪人判处刑罚，免除处罚是指审判机关对犯罪人作有罪宣告但免除其刑罚处罚。我国《刑法》规定的从重、从轻、减轻、免除处罚的制度主要有累犯、自首、立功、缓刑制度等。

（二）累犯

累犯是指受过一定的刑罚处罚，在刑罚执行完毕或者赦免以后，在法定期间内再犯一定之罪的犯罪分子。我国《刑法》规定的累犯分为一般累犯和特殊累犯两种。

1. 一般累犯

一般累犯是指被判处有期徒刑以上刑罚的犯罪分子，刑罚执行完毕或者赦免以后，在5年以内再犯应当判处有期徒刑以上刑罚之罪。其构成的条件是：

（1）前罪和后罪必须都是故意犯罪，这是构成累犯的主观条件；

（2）前罪被判处的刑罚和后罪应当判处的刑罚必须都是有期徒刑以上的刑罚，这是构成累犯的刑度条件；

（3）后罪的发生，必须是在前罪的刑罚执行完毕或者赦免以后，这是构成累犯的前提条件；

（4）后罪发生的时间，必须是在前罪的刑罚执行完毕或者赦免后5年以内，这是构成累犯的时间条件。

2. 特殊累犯

特殊累犯又称危害国家安全罪的累犯，是指危害国家安全的犯罪分子在刑罚执行完毕或者赦免以后，在任何时候再犯危害国家安全罪的。特殊累犯不受一般累犯规定条件的限制，只要前罪和后罪都是危害国家安全罪，在前罪刑罚执行完毕或者赦免以后，不论何时再犯后罪，也不管判处的是何种刑罚，都以累犯论处。累犯是一种法定的从重处罚情节。我国《刑法》规定，对于累犯应当从重处罚。

（三）自首和立功

自首和立功是我国《刑法》规定的两项从宽处罚制度，也是两个重要的从宽处罚情节。我国刑罚的目的是预防犯罪，包括特殊预防和一般预防两个方面。特殊预防是指预防已经犯了罪的人重新犯罪；一般预防是指预防尚未犯罪的人实施犯罪。

对有自首和立功情节的犯罪分子从宽处罚，是惩办与宽大相结合原则的具体化、法律化，对于分化瓦解犯罪分子，打击少数、争取多数，教育改造罪犯，预防犯罪具有重要意义。

1. 自首

自首是指犯罪分子犯罪以后自动投案，如实供述自己的罪行的行为；被采取强制措施的犯罪嫌疑人、被告人和正在服刑的罪犯，如实供述司法机关还未掌握的本人其他罪行的，以自首论。从自首的定义可以看出，自首包括两种行为：一种是自投行为，另一种是自招行为。自投行为成立自首必须具备的条件是：①犯罪以后必须自动投案。自动投案一般应是犯罪分子自动向公安、检察、审判机关投案；如果犯罪分子就近向所在单位、城乡基层组织或者其他有关负责人投案，也视为自动投案。②必须如实供述自己的罪行。这是自首的实质条件。犯罪分子必须如实供述自己的全部犯罪事实，至少是自己犯罪的主要事实。共同犯罪的犯罪分子除如实供述自己的罪行以外，还应当交代出所知的同案犯。

自招行为成立自首必须具备的条件是：①主体必须是被采取强制措施的犯罪嫌疑人、被告人和正在服刑的罪犯；②必须如实供述司法机关还未掌握的本人的其他罪行。这是自招行为成立自首的实质条件。

所谓“其他罪行”，又称“余罪”，是指被采取强制措施的犯罪嫌疑人、被告人和正在服刑的罪犯被指控、处理的罪行以外的罪行，而且必须是尚未被司法机关发觉的罪行。我国《刑法》规定：对于自首的犯罪分子，可以从轻或者减轻处罚；其中，犯罪较轻的，可以免除处罚。

2. 立功

立功是指犯罪分子揭发其他犯罪分子的罪行，查证属实，或者提供重要线索，从而得以侦破其他案件，或者协助司法机关缉捕其他罪犯，或者有其他一定的对社会有益的行为。我国《刑法》规定，犯罪分子有立功表现的，可以从轻或者减轻处罚；有重大立功表现的，可以减轻或者免除处罚；犯罪后自首又有重大立功表现的，应当减轻或者免除处罚。

（四）数罪并罚

数罪并罚是指一人犯有数罪，人民法院对其所犯的各种罪分别定罪量刑以后，依照法定原则，决定应当执行的刑罚。我国《刑法》对数罪并罚主要采取“限制加重原则”，同时以“吸收原则”和“相加原则”为补充。我国《刑法》适用数罪并罚有以下三种不同的情况：

1.判决宣告前一人犯有数罪的并罚

我国《刑法》第69条规定："判决宣告前一人犯数罪的，除判处死刑或者无期徒刑的以外，应当在总和刑期以下，数刑中最高刑以上，酌情决定执行的刑期，但是管制最高不能超过3年，拘役最高不能超过1年，有期徒刑最高不能超过20年。如果数罪中有判处附加刑的，附加刑仍需执行。"这就是说，数罪中有一个判处死刑或者无期徒刑的，其他罪判处有期徒刑、拘役或者管制的，采用"吸收原则"，即只执行死刑或无期徒刑，其他主刑被吸收而不执行。

数罪中判处数个有期徒刑、数个拘役或者数个管制的，采用"限制加重原则"，即在总和刑期以下，数刑中最高刑以上，酌情决定执行的刑期，但是管制最高不能超过3年，拘役最高不能超过1年，有期徒刑最高不能超过20年。

数罪中有判处附加刑的，附加刑与主刑采取"相加原则"，即不论执行什么主刑，如有判处附加刑的，附加刑仍需执行。

2.判决宣告后刑罚未执行完毕前发现"漏罪"的并罚

我国《刑法》第70条规定："判决宣告以后，刑罚还没有执行完毕以前，发现被判刑的犯罪分子在判决宣告以前还有其他罪没有判决的，应当和新发现的罪作出判决，把前后两个判决所判处的刑罚，依照本法第69条的规定，决定执行的刑罚。已经执行的刑期，应当计算在新判决决定执行的刑期以内。"这种计算方法，称为"先并后减"。

3.判决宣告后刑罚未执行完毕前又犯"新罪"的并罚

我国《刑法》第71条规定："判决宣告以后，刑罚还没有执行完毕以前，发现被判刑的犯罪分子又犯罪的，应当对新犯的罪作出判决，把前罪没有执行的刑罚和后罪所判处的刑罚，依照本法第69条的规定，决定执行的刑罚。"这种计算方法，称为"先减后并"。显然，这种处罚方法比上一种明显加重了，实际执行的刑期很可能超过20年。

（五）缓刑

缓刑是指人民法院对于被判处拘役、3年以下有期徒刑的犯罪分子，根据其犯罪情节和悔罪表现，认为暂缓执行原判刑罚确实不致再危害社会的，规定一定的考验期，在考验期内被判刑的犯罪分子不再犯新罪，原判刑罚就不再执行的一种制度。缓刑不是一种独立的刑种，而是刑罚具体运用的一项制度。缓刑不同于免于刑事处分。免于刑事处分是人民法院对被告只作出有罪判决，但不判刑；而缓刑是人民法院不仅对被告定罪，而且判刑，但在一定时期内暂缓执行，同时又保持着执行的可能性。

适用缓刑必须同时具备下列条件：

（1）犯罪分子被判处拘役或 3 年以下有期徒刑的刑罚；

（2）根据犯罪分子的犯罪情节和悔罪表现，认为暂缓执行原判刑罚确实不致再危害社会，这是适用缓刑的根本条件；

（3）犯罪分子不是累犯。人民法院在宣告缓刑时，应当确定适当的缓刑考验期限。

我国《刑法》规定：拘役的考验期限为原判刑期以上 1 年以下，但不能少于 2 个月；有期徒刑的考验期限为原判刑期以上 5 年以下，但是不能少于 1 年。缓刑的考验期限，自判决确定之日起计算。被宣告缓刑的犯罪分子，在缓刑考验期限内犯新罪或者发现判决宣告以前还有其他罪没有判决的，应当撤销缓刑，对新犯的罪或者新发现的罪作出判决，把前罪和后罪所判处的刑罚，依照我国《刑法》第 69 条的规定，决定执行的刑期。缓刑考验期限内违反法律、行政法规或者国务院公安部门有关缓刑的监督管理规定，情节严重的，应当撤销缓刑，执行原判刑罚。没有上述情形的，原判的刑罚就不再执行，并公开予以宣告。

（六）减刑

减刑是指对于被判处管制、拘役、有期徒刑、无期徒刑的犯罪分子，由于其在刑罚执行期间确有悔改或者立功表现，因而适当减轻其原判刑罚的一种刑罚执行制度。

适用减刑的条件为：

（1）犯罪分子被判处的刑罚是管制、拘役、有期徒刑、无期徒刑；

（2）犯罪分子在刑罚执行期间确有悔改或者立功表现，这是适用减刑的决定性条件；

（3）减刑必须有一定的限度；

我国《刑法》规定：犯罪分子减刑以后实际执行的刑期，判处管制、拘役、有期徒刑的，不能少于原判刑期的 1/2；判处无期徒刑的，不能少于 10 年。

（七）假释

假释是指对于被判处剥夺自由刑的罪犯，在服刑一定时间以后，附条件地将其提前释放的一种刑罚执行制度。

适用假释的条件为：

（1）假释的对象是被判处有期徒刑、无期徒刑的犯罪分子，但对累犯以及因杀人、爆炸、抢劫、强奸、绑架等暴力性犯罪被判处 10 年以上有期徒刑、无期徒刑的犯罪分子，不得假释；

（2）假释只适用于已经执行了部分刑罚的犯罪分子，一般的情况是，被判处有期徒刑的犯罪分子，执行原判刑期 1/2 以上；被判处无期徒刑的犯罪分子，实际执行 10 年以上；

（3）假释只适用于没有人身危险性的犯罪分子，即认真遵守监规，接受教育改造，确有悔改表现，释放后不致再危害社会的犯罪分子。

假释须规定考验期限：有期徒刑的假释考验期限为没有执行完毕的刑期；无期徒刑的假释考验期限为10年。假释考验期限，从假释之日起计算。被假释的犯罪分子，在假释考验期限内犯新罪，应当撤销假释，按我国《刑法》第70条的规定实行数罪并罚；在假释考验期限内发现“漏罪”，应当撤销假释，按我国《刑法》第70条的规定实行数罪并罚；在假释考验期限内违反法律、行政法规或者国务院公安部门有关假释的监督管理规定，尚未构成新的犯罪的，应当依照法定程序撤销假释，收监执行未执行完毕的刑罚。没有上述情形的，就认为原判的刑罚已经执行完毕，并公开予以宣告。

（八）时效

我国《刑法》中的时效又称追诉时效，是指司法机关对犯罪分子追究刑事责任的有效期限。我国《刑法》规定，犯罪经过下列期限不再追诉：

（1）法定最高刑为不满5年有期徒刑的，经过5年；

（2）法定最高刑为5年以上不满10年有期徒刑的，经过10年；

（3）法定最高刑为10年以上有期徒刑的，经过15年；

（4）法定最高刑为无期徒刑、死刑的，经过20年。如果20年以后认为必须追诉的，须报请最高人民检察院核准。但是，在人民检察院、公安机关、国家安全机关立案侦查或者在人民法院受理案件以后，逃避侦查或者审判的，不受追诉期限的限制；被害人在追诉期限内提出控告，人民法院、人民检察院、公安机关应当立案而不予立案的，不受追诉期限的限制。追诉期限从犯罪终了之日起计算；犯罪行为有连续或者继续状态的，从犯罪行为终了之日起计算。在追诉期限以内又犯罪的，前罪追诉的期限从犯后罪之日起计算。

任务四 刑法分则

刑法总则主要规定了关于定罪、量刑的一般原理、原则，而刑法分则主要规定了各种具体的犯罪。

我国刑法典按照一定的标准对各种具体犯罪进行分类排列，以犯罪行为所侵犯的同类客体为依据，把所有犯罪分为十类。

一、刑法分则的体系及条文结构

刑法分则的体系，是指刑法分则对不同的犯罪进行科学的分类，并且按照一定的次序排列而形成的体系。

我国的刑法分则将犯罪分为十类，每一类为一章，依次为危害国家安全罪，危害公共安全罪，破坏社会主义市场经济秩序罪，侵犯公民人身权利、民主权利罪，侵犯财产罪妨害社会管理秩序罪，危害国防利益罪，贪污贿赂罪，渎职罪，军人违反职责罪。

刑法分则中规定了数百种犯罪，每种犯罪都有各自不同的犯罪构成要件。但是，如果我们把每种犯罪的具体内容暂且搁置一边，可以看出每一个分则条文实际上由两项内容组成：一是罪状；二是法定刑。罪状和法定刑就是刑法分则条文的基本结构。

（1）罪状，是指刑法分则条文对于某种犯罪具体状况的描述；

（2）法定刑，是指刑法分则条文对具体犯罪所规定的适用刑罚种类和刑罚幅度。法定刑是具体犯罪条文的组成部分，设在罪状之后，表明犯罪与刑罚之间相对应的关系。

二、刑法分则中的十类犯罪

《中华人民共和国刑法分则》根据犯罪所侵犯的同类客体和社会危害程度，将犯罪归纳为十类，依次为：

（一）危害国家安全罪

危害国家安全罪是指以推翻人民民主专政的政权和社会主义制度为目的的，危害中华人民共和国的行为。

危害国家安全罪的主要特征是：犯罪客体是人民民主专政的政权和社会主义制度。客观方面必须有危害中华人民共和国的行为。犯罪主体既有一般主体，也有特殊主体，即中国公民或国家机关工作人员。主观方面必须出于故意，而且必须具有推翻人民民主专政的政权和社会主义制度的目的。

（二）危害公共安全罪

危害公共安全罪是指故意或过失地实施危害不特定多数人的生命、健康和重大公私财产安全的行为。

危害公共安全罪的主要特征是：犯罪客体是社会的公共安全，即不特定多数人的生命、健康和重大公私财产的安全。客观方面必须实施危害或足以危害公共安全的行为。

犯罪主体多数是一般主体，少数是特殊主体即国家工作人员或业务、职务上的特定人员；就主体年龄而言，一般须年满16周岁，但已满14周岁不满16周岁的人可以成为放火罪、爆炸罪、投放危险物质罪的主体。主观方面具有故意或者过失。

（三）破坏社会主义市场经济秩序罪

破坏社会主义市场经济秩序罪是指违反国家财政经济管理法规，破坏社会主义市场经济管理活动，危害国计民生，使社会主义市场经济遭受严重损害的行为。

破坏社会主义市场经济秩序罪主要特征是：犯罪客体是社会主义市场经济管理的制度和正常活动。客观方面表现为违反国家财政经济管理法规，破坏国家经济管理活动的行为。犯罪主体多为一般主体，少数为特殊主体。主观方面绝大多数必须出于故意，一般具有盈利或获取其他非法利益的目的，个别犯罪由过失构成。

（四）侵犯公民人身权利、民主权利罪

侵犯公民人身权利、民主权利罪是指侵犯公民人身权利和其他与人身直接有关的权利，以及非法剥夺或者妨害公民自由行使依法享有的管理国家事务和参与政治活动权利的行为。

侵犯公民人身权利、民主权利罪的主要特征是：犯罪客体是公民的人身权利、民主权利和其他权利，包括公民的生命、健康、自由、人格和名誉的权利，公民的选举权、批评权、控告权、申诉权、通信自由权、宗教信仰自由权等，以及与公民人身有关的权利。客观方面表现为实施了非法侵犯公民人身权利、民主权利和其他权利的行为。犯罪主体多数为一般主体，少数为特殊主体，即司法工作人员、国家工作人员或邮政工作人员等；就主体年龄而言，一般须年满16周岁，但已满14周岁不满16周岁的人可以成为故意杀人罪、故意伤害致人重伤或者死亡罪、强奸罪等的主体。主观方面除过失致人死亡罪、过失致人重伤罪以外，均只能由故意构成。

（五）侵犯财产罪

侵犯财产罪是指将公私财物非法攫取、挪用或者故意予以毁坏，侵犯财产所有权的行为。侵犯财产罪的主要特征是：犯罪客体是公共财产和公民私人财产所有权。客观方面表现为行为人实施了非法攫取、挪用或者毁坏公私财产权利的行为。犯罪主体大多是一般主体，只有少数为特殊主体即要求具有公司、企业单位等人员的特定身份；就主体年龄而言，一般须年满16周岁，但已满14周岁不满16周岁的人可以成为抢劫罪的主体。主观方面必须是出于故意，主要表现为以非法占有为目的或者以非法毁灭、损坏为目的

而侵犯公私财物。

（六）妨害社会管理秩序罪

妨害社会管理秩序罪是指妨害国家机关的管理活动，破坏社会秩序的行为。

妨害社会管理秩序罪的主要特征是：犯罪客体是社会管理秩序，它包括社会秩序、生产秩序、工作秩序、教学秩序和人民群众的生活秩序，涉及国家对社会各方面的管理活动，但仅限于《刑法分则》其他各类犯罪客体以外的为犯罪行为所侵害的社会关系。客观方面必须实施了妨害国家机关的管理活动，破坏社会秩序的行为。犯罪主体绝大多数是一般主体，只有极少数是特殊主体；就主体年龄而言，一般须年满 16 周岁，但已满 14 周岁不满 16 周岁的人可以成为贩卖毒品罪的主体。主观方面都必须出于故意，其中有些犯罪还必须以盈利为目的。

（七）危害国防利益罪

危害国防利益罪是破坏国家军事管理，危害国家国防利益的行为。

危害国防利益罪主要特征是：犯罪客体是国家的国防利益。客观方面实施了破坏国家军事管理，危害国防利益的行为。犯罪主体多数是一般主体，少数要求具有特殊条件。主观方面多数是出于故意，部分也可以是出于过失。

（八）贪污贿赂罪

贪污贿赂罪是指国家工作人员利用职务上的便利，非法占有、使用公私财物，损害国家工作人员职务行为廉洁性的犯罪，是国家工作人员利用职务上的便利实施的贪利型犯罪的总称。

贪污贿赂罪主要特征是：犯罪客体是国家工作人员职务行为的廉洁性和公私财产所有权。客观方面表现为利用职务上的便利，非法占有、使用公私财物的行为。主观方面只能是故意。犯罪主体绝大多数要求具备特殊身份即国家工作人员，少数犯罪可以由一般主体构成。

（九）渎职罪

渎职罪是指国家工作人员利用职务上的便利或者玩忽职守，妨害国家机关的正常活动，致使国家和人民利益遭受重大损失的行为。

渎职罪的主要特征是：犯罪客体是国家机关的正常活动。客观方面表现为国家机关工作人员利用职务上的便利实施的渎职行为和玩忽职守行为。犯罪主体是特殊主体，即只能由国家机关工作人员构成。主观方面既有故意，也有过失，其中多数是故意。

（十）军人违反职责罪

军人违反职责罪是指中国人民解放军的现役军人，违反军人职责，危害国家军事利益的行为。

军人违反职责罪的主要特征是：犯罪客体是国家的军事利益，即国家在国防建设、作战行动、军事物资保障、军事机密、军事科学研究等方面的利益。客观方面实施了违反军人职责、危害国家军事利益的行为。犯罪主体是特殊主体，即军人。只有具备军人身份才有军人职责，才可能构成军人违反职责的犯罪。主观方面多数是出于故意，少数是出于过失。

项目3 行政法

任务一 行政法概述

一、行政法的概念和调整对象

（一）行政与行政关系

“行政”一词，通常指一定的社会组织基于特定的目的对一定范围内的事务进行组织、管理的活动。但是，行政法上所说的行政并不泛指一般行政，而是指公共行政，即国家行政机关对公共事务的组织及管理。例如，交警对于社会交通秩序的维护，产品质量管理机关对产品生产和经营的检查等。

行政关系是指因行政权力而产生的各种社会关系，包括行政权力取得关系、行政权力行使关系、监督行政权力关系和对行政权力提供救济所产生的社会关系等几大类。

（二）行政法的概念

我国行政法是调整由于国家行政管理发生的行政关系的有关法律规范的总和。它一方面规范和约束行政机关的行政权力和行政行为，保护公民、法人和其他组织的正当权益；另一方面也规范和约束公民、法人和其他组织的行为，维护公共利益和社会秩序。

这一定义包含如下几个方面的含义：

第一，行政法是一类法律规范的总称，并非指某一个具体的法律条文或法律文本。

第二，行政法只调整因行政权力的取得、行使、监督和救济过程中发生的各种社会关系，并不调整所有的社会关系。

第三，行政法是一个综合性的概念，涉及行政、行政权和行政关系等诸多领域，不可只强调其一，而忽略其他。

（三）行政法的调整对象

行政法的调整对象是一定范围的行政关系。行政机关行使国家权力过程中发生的社会关系，称为行政关系。我国行政机关职权广泛，形成各种行政关系，它与其他法律部门在调整对象上有一定的交叉。

行政法调整的对象内容十分繁杂，可以概括为以下四大类：

（1）行政机关内部的关系。包括上级行政机关与下级行政机关的关系、同级行政机关之间的关系、行政机关与其工作人员的关系；

（2）行政机关与其他国家机关的关系。包括行政机关与权力机关、审判机关、检察机关的关系；

（3）行政机关与其他社会组织的关系。包括行政机关与企业事业单位的关系、行政机关与各种社会团体的关系；

（4）行政机关与个人的关系。包括行政机关与公民、外国人和无国籍人的关系。

二、行政法的基本原则

（一）行政法基本原则的概念

行政法的基本原则，是指贯穿于行政法律规范之中，对行政法的制定和实施起指导作用的基本准则。作为基本的行为准则，不同于具体的行政法律规范，在国家行政权力的运行过程中具有十分重要的作用，能够指导国家的行政立法、指导行政法的实施、帮助群众正确地理解和运用行政法律规范解决社会生活中发生的各种行政法律问题。一般认为，行政法的基本原则包括行政合法性原则、行政合理性原则和行政应急性原则。

（二）行政法基本原则的内容

1. 行政合法性原则

行政合法性原则是指行政主体的活动必须严格遵守法律规范，不得与法律规范相抵触。从内容上来看，行政合法性原则既包括符合行政实体法规范，也包括符合行政程序法规范；相应地，违反行政实体法属于行政违法，违反行政程序法也属于行政违法。具体而言，行政合法性原则的内容和要求包括：

第一，行政权的取得必须合法。

第二，行政权力的行使必须符合法律的规定。

2. 行政合理性原则

行政合理性原则是指行政行为的内容要客观、适度、符合公平正义等法律的基本理念。一般认为，行政合理性原则是行政合法性原则的补充和发展，其基本内容和要求包括：

第一，行政权力的行使必须符合法律的目的。

第二，行政权力的行使必须基于正当的动机。

第三，行政权力的行使必须基于正当考虑，做到考虑相关因素，不考虑无关因素。

第四，行政权力的行使必须客观、公正、合情、合理。

第五，行政权力的行使必须尊重善良的风俗习惯和客观规律。

3. 行政应急性原则

行政应急性原则是指在紧急情况下，行政机关为了国家安全、社会秩序或公共利益的需要而采取没有法律根据或与一般法律抵触的行政行为。例如，2003 年国家为了应对传染性非典型肺炎（SARS）的肆虐，采取了强有力的隔离、封锁、停工停业、停课等措施，所依据的就是行政应急性原则。该项原则的适用必须同时符合四个基本条件，即：

第一，只有在国家安全、社会秩序和公共利益受到明显的重大危险之时才适用。如果没有重大危险的存在，则不适用应急性原则。

第二，应急行政权力一般只能由法定的行政机关行使。这种情况下，公民的合法权益会受到一定程度的限制。如对患严重传染病的公民实施隔离措施，对一定的区域实施封锁，对发生或可能发生严重疫情的单位实行停工、停课、停业等措施。

第三，应急行政权力的行使必须依照有关法律规定的特别程序，严禁行政机关恣意行使权力。

第四，行政机关采取的应急性措施应当适当，不得滥用权力造成对无辜者的伤害或过度伤害，不得违反合理性原则的要求。

三、行政法律关系

（一）行政法律关系的概念

行政法以行政关系为调整对象，行政关系经过行政法的调整后，就上升为行政法律关系。这里所谓的调整就是指行政法对当事人权利义务的确定，即用法律将行政关系中的权力（权利）、义务（职责）确定下来，使其具有法律的性质。

（二）行政法律关系的种类

1. 因行政权的取得而产生的行政法律关系，即行政授权与行政委托关系

因行政权力的取得而产生的社会关系是指国家权力机关在授予行政权力、行政机关实施行政授权或行政委托过程中所发生的授权关系与委托关系。行政法对此进行调整，使这类社会关系法律化，目的是要将行政权力的取得纳入法治的轨道，解决行政权力来源的合法性问题，从权力的来源上把好关。在实践中，一些没有法定职权的机关或单位也在进行所谓的“执法活动”。从制度上来分析，其原因就在于没有正确认识权力来源必须具备合法性基础，产生了只要是单位就有权执法的错误观念。

因行政权的取得而产生的行政法律关系包括行政授权关系和行政委托关系两种。行政授权关系是指法律、法规和规章制定机关，通过法律、法规和规章将某种行政职权的全部或部分授予一定的社会组织而产生的社会关系。行政委托关系是指行政主体依法将自己的法定职权的一部分委托给一定的社会组织或个人行使而产生的法律关系。

2. 因行政权的行使而产生的社会关系，即狭义的行政关系或行政权力行使关系

因行政权的行使而产生的社会关系，是指依法取得行政权力的行政主体，在运用行政权力管理国家事务和社会公共事务时所发生的权利义务关系，亦即行政主体在行使行政职权过程中与行政相对人发生的各种社会关系的总称。这是一种最典型的行政关系，因为其是在行政主体行使行政权力时所发生的，涉及的当事人一方为行政主体，另一方为行政管理相对人或行政相对方，所以人们往往将其看作是狭义上的行政法律关系。

3. 因对行政权监督而产生的社会关系，即监督行政关系或行政法制监督关系

监督行政关系是指依法享有监督权的国家机关根据行政法律规范，在监督行政权力运行过程中，与行政主体之间所形成的受行政法调整的社会关系。在这种行政法律关系中，行政主体处于被监督地位，是行政法制监督的对象，包括行政主体、公务员、受委托行使行政职权的组织或个人。作为监督者的一方是行政法制监督主体，即根据宪法和法律授权，有权按照法定方式和程序对行政主体及其所实施的行政行为进行法制监督的国家机关，包括国家权力机关、国家司法机关、行政监察机关等。从广义上讲，对行政权实施监督的主体还应当包括公民、社会团体、党组织、群众以及新闻媒体等。但这些监督不能直接发生法律效力，只有通过法定的机关依照法定的方式才能发生法律效力，因此不属于法定的行政法制监督主体。

4. 因实施行政救济而产生的社会关系，即行政救济法律关系

行政救济法律关系，是指国家有权机关在对行政权力的行使进行补救的过程中所发生的法律关系。因行政救济而产生的行政法律关系，主要包括三大类，即行政复议法律

关系、行政诉讼法律关系和行政赔偿法律关系。

（三）行政法律关系的基本特点

尽管不同类型的行政法律关系都具有各自的特点，但从总体上来看，行政法律关系都具有如下基本特征：

第一，行政法律关系主体至少有一方是行政主体；

第二，行政法律关系是一种主体间权利义务不对等的法律关系；

第三，行政法律关系中的权利义务具有法定性，不能由双方当事人自由协商确定；

第四，行政主体在行政法律关系中的权利，实质上是一种行政职权，其义务实际上是一种行政职责，所以二者是合二为一的。

任务二 行政行为

一、行政行为的概念和分类

（一）行政行为的概念

行政行为是指行政机关和法定授权组织为实现行政管理目标，运用国家行政权做出的具有法律效力的行为。行政行为具有以下特征：

1. 法律从属性

行政权力的合法性来自宪法、法律的授权或确认。因此，行政机关在实施行政行为时必须严格依据宪法、法律的相关规定，具备相应的法定条件。

2. 效力先定性

行政行为一经做出，就应当推定其为合法有效，行政管理相对人必须服从，除非由有权机关经法定程序变更或撤销该行政行为。

3. 单方面意志性

由于行政管理及时、高效的客观需要，行政行为只需行政主体单方面的意思表示即可成立。这与民事法律行为的成立以双方意思表示一致原则形成鲜明的差异。

4. 国家强制性

行政行为做出后，依法得到国家强制力的保障，有关国家机关可采取一定的强制手段使行政行为的内容得以实现。

（二）行政行为分类

（1）根据行政行为实施的对象及适用力不同，可以将行政行为分为抽象行政行为和具体行政行为；

（2）以行政行为的作用对象为划分标准可以将行政行为分为内部行政行为和外部行政行为；

（3）以行政行为受法律约束的程度为标准，可以将行政行为分为羁束行政行为和自由裁量行政行为；

（4）以行政机关做出行政行为的动因为标准，可以把行政行为分为主动的行政行为与被动的行政行为；

（5）依行政行为是否必须具备一定的形式为标准，可以将行政行为分为要式行政行为与非要式行政行为。

三、具体行政行为

具体行政行为是指行政主体针对特定的对象，就特定的事项作出的处理决定。具体行政行为主要包括行政许可、行政确认、行政裁决、行政征收、行政处罚、行政复议等。

（一）行政许可行为

1.行政许可的概念

行政许可，是指行政机关应行政管理相对人的申请或请求，依照法律、法规规定，通过颁发许可证、执照或批准等形式，赋予其从事法律、法规一般禁止事项的权利和资格的具体行政行为。

2.行政许可的特征

行政许可是对国家一般禁止活动的解禁行为，其前提是法律的一般禁止；行政许可是一种赋权行为；行政许可是一种依申请而发生的行政行为；行政许可是一种采用许可证、执照、签发批准文件等形式的要式行政行为。

3.行政许可的主体

国务院及所属的各主管部门，省级人民政府及所属的各主管部门，县级政府及所属的各主管部门，依照法律、行政法规和地方性法规的授权管理社会公共事务的组织。

4. 行政许可的分类

行政许可根据不同的划分标准可作不同的分类：

（1）以行政许可的范围为标准，可以分为一般许可和特别许可。一般许可是指行政机关对符合法定条件的许可申请人直接发放许可证，对申请人的主体身份无特殊限制的许可。如申请驾驶执照的许可。特别许可是指除符合一般许可的条件外，对申请人还规定有特别限制的许可，又称特许。如持枪许可和烟草专卖特许等；

（2）以行政许可享有的程度为标准，可以分为排他性许可和非排他性许可。排他性许可又称独占许可，是指某个人或组织获得该项许可后，其他任何人或组织均不能再获得该项许可。非排他性许可，是指可以为具备法定条件的任何个人或组织所申请并获得的许可。大部分的行政许可，如驾驶许可、营业许可等都是非排他性许可；

（3）以行政许可是否附加义务为标准，可以分为权利性许可和附义务的许可。权利性许可又称无条件放弃的许可，指被许可人可以自由放弃被许可的权利，并且不因此承担任何法律责任的许可，如持枪证、排污许可证等。附义务的许可，指被许可人获得许可的同时，并承担一定期限内从事该活动的义务，否则要承担一定的法律责任的许可。

此外，还有长期许可和短期许可、行为许可和资格许可等分类。

5. 行政许可的程序

行政许可程序，是指行政机关实施行政许可的步骤、方式、顺序和时限。申请人向行政机关申请行政许可后，行政机关必须依照一定的程序审查并向符合法定条件的申请人颁发许可证。行政许可程序主要包括申请和审查，听证制度和回避制度，核发或拒绝核发许可证，许可证的注销、吊销、撤销，许可收费，许可的救济等。

（二）行政确认

1. 行政确认的概念

行政确认是指行政机关依法对行政管理相对人的法律地位、法律关系或有关法律事实进行区别，给予确认、认可或证明并予以宣告的具体行政行为。

2. 行政确认的特征

行政确认是要式的行政行为；行政确认是羁束的行政行为；行政确认是中性的行政行为，具有非处分性。

3. 行政确认的分类

行政确认依内容的不同可分为对法律事实的行政确认和对法律关系的行政确认。

（1）对法律事实的行政确认。行政确认中的法律事实可分为行为和事件两部分。对特定法律事实的确认实践中数量较多，主要包括：技术鉴定、卫生检疫、抚恤性质和等级鉴定、公证；

（2）对法律关系的行政确认。如对不动产所有权的确认，对专利的确认等。

4.行政确认的形式

行政确认的形式有确定、认可、证明、登记、行政鉴定。

5.行政确认的效力

行政确认是一种具体行政行为，具备确定力、执行力和强制力的特点，对行政管理相对人的法律地位和权利义务直接产生证明、确认的法律效力，同时它可以作为司法证据在审判活动中起到证明效力。鉴于行政行为的性质，行政确认一般不具有最终的法律效力，当事人对行政确认的效力有异议，可以通过行政复议和行政诉讼解决。

6.行政确认的程序

行政确认的程序包括确认的提出、确认的审查、颁发确认证书等三个环节。确认是要式行政行为，须颁发各种确认证书。实践中行政确认往往以技术鉴定书、证明、证书等形式出现。

（三）行政裁决

1.行政裁决的概念

行政裁决是指行政主体依照法律的授权，对平等主体之间发生的与行政管理活动密切相关的、特定的民事争议进行审查，并做出裁决的具体行政行为。

2.行政裁决的特征

行政裁决的主体是特定的。行使行政裁决权的主体是对与民事争议有关的行政事项具有管理职权的行政机关；行政裁决的对象是与行政管理事项有关的特定的民事争议。行政裁决是行政机关行使行政权作出的具体行政行为，具有确定性、执行性、拘束性的特点，可依法适用行政复议和行政诉讼。

3.行政裁决的主体

行政裁决的主体是行使行政裁决权的行政机关。我国现有行政裁决的主体包括设立在主管行政机关内兼司行政裁决职能的业务机构和设置在行政机关内专司某种特定争议案件裁决职能的机构。目前我国法律、法规在授予行政机关行政裁决权时，大多没有对行政裁决机构做出专门规定，故而实践中在一般由内部业务机构行使行政管理职能的同时一并裁决处理该管理领域内相应的民事争议。设置在行政机关内专司某种特定争议案件裁决职能的机构，即专门行政裁决机构，主要限于政府对商标、专利等知识产权的管理领域。

4.行政裁决的范围

（1）对权属争议的裁决，指双方当事人因某一财产的所有权或使用权的归属所产生的纠纷，行政机关就与行政管理有关的权属争议依法进行裁决，确认权属关系。如行政机关就土地、渔业、草原、矿产、滩涂及水等资源的所有权、使用权权属争议作出确定性裁决；

（2）对损害赔偿的裁决，这是指行政机关对平等主体之间发生的因涉及与行政管理相关的合法权益受到侵害而引起的损害赔偿争议所作出的裁决。这种裁决的范围较大，包括对食品卫生、药品管理、环境保护、医疗卫生、产品质量、社会福利、自然资源利用、知识产权、物价管理等领域发生的损害赔偿争议的裁决；

（3）对侵权争议的裁决，侵权争议是由于一方当事人的合法权益受到另一方违法或不当行使权利的侵犯而产生的纠纷。受害方因此向行政机关申请行政裁决，行政机关依法作出责令侵权人停止侵权行为的裁决。例如，甲未经专利权人乙许可使用乙的实用新型专利，乙依照专利法的有关规定向专利局提起行政裁决，专利局依法作出责令甲停止侵犯乙专利权行为的行政裁决。

5.行政裁决的程序

（1）申请。争议双方当事人在争议发生后，可依据法律、法规的规定，在法定期限内向法定裁决机构申请裁决；

（2）受理。行政裁决机构收到裁决申请书后，应当对申请进行初步审查，做出附理由的不予受理或予以受理的决定；

（3）审查。行政裁决机构正式受理当事人的裁决申请后，则开始对当事人之间的争议进行实体审查；

（4）裁决。行政裁决机构经过审查，对事实清楚、证据确凿的，应依据有关法律、法规、规章的规定及时做出裁决。裁决须制作裁决书，裁决书要告知当事人对此裁决不服是否可申请复议或者向人民法院提起诉讼。行政裁决作出后，裁决书须及时送达双方当事人。

（四）行政征收

1.行政征收的概念

行政征收是行政主体，依照法律规定以强制方式无偿取得相对方财产权的一种具体行政行为。行政征收是行政管理中运用非常广泛的一项制度。税收征收、资源费征收、排污费征收、管理费征收等均属于行政征收的范围。

2. 行政征收的特点

行政征收是具体行政行为，除具备公定性、强制性、执行性等具体行政行为的一般特征外，还具有以下特点：行政征收的目的是根据行政管理的需要，保证国家和社会公共利益得到满足；行政征收的实质在于行政主体合法地以强制方式无偿取得相对方的财产所有权，无须支付报酬；行政征收的前提是相对方直接负有法律规定的缴付财产的义务；行政征收法定，即行政征收只有在法律、法规有明确规定的前提下进行。

3. 行政征收的种类

行政征收的种类包括税收征收、资源费征收、建设资金征收、排污费征收等。

4. 行政征收的程序

行政征收的程序通常包括行政征收事项的登记、缴纳鉴定、缴纳申报、款项征收等几个环节。

（五）行政处罚

1. 行政处罚的概念

行政处罚是指行政主体依法对违反行政法律规范的行政管理相对人实施的一种法律制裁，是一种具体行政行为。行政处罚是针对行政主体，包括特定行政机关或法定授权组织实施的；行政处罚适用的对象是违反行政法律规范但尚未触犯刑律的行政管理相对人；行政处罚是一种法律制裁行为。

1996 年 3 月 17 日第八届全国人民代表大会第四次会议审议通过了《中华人民共和国行政处罚法》（以下简称《行政处罚法》），并于同年 10 月 1 日起施行。《行政处罚法》是一部系统地调整行政处罚法律关系的基本法律，其中有比较完整的行政程序性的规定，在一定程度上弥补了我国在行政程序立法方面的空白，《行政处罚法》共 8 章 64 条，明确规定了行政处罚的种类和设定、实施机关、管辖和适用、决定、执行和法律责任。

2. 行政处罚的种类

《行政处罚法》第 8 条规定了行政处罚的种类：

警告，属申诫罚，既可单处也可并处；罚款，属财产罚，这是行政处罚形式中适用最广泛的一种形式；没收违法所得、没收非法财物，属财产罚；责令停产停业，属能力罚；暂扣或者吊销许可证、暂扣或者吊销执照，属能力罚；行政拘留，属人身罚，由县级以上公安机关做出，行政拘留的期限一般为 1 日以上 15 日以下，但有两项以上违法行为并处的，不受此限；法律、行政法规规定的其他行政处罚。

3. 行政处罚的管辖

行政处罚的管辖是确定对行政管理相对人的违法行为应当由哪一级或者哪一个行政

机关实施处罚，是行政机关或者授权组织实施行政处罚的权限划分和分工。

《行政处罚法》主要规定了以下几种行政处罚管辖权：

（1）地域管辖是指根据行政机关的管辖区域确定其实施处罚权的地域范围，是横向划分县级以上地方人民政府之间及其工作部门在各自管辖区域内实施行政处罚的权限分工。地域管辖又分为一般地域管辖、共同管辖和特定管辖三种。把依据行为地来确定的行政处罚管辖称之为一般地域管辖；共同管辖是指两个以上行政机关依法对同一违法行为都有行政处罚权；特定管辖主要是指一般地域管辖和共同管辖未尽的管辖，如违法行为的地点难以查明的行政处罚，单行法律、法规规定某种行为的处罚管辖；

（2）职权管辖是指同一行政区内不同的行政机关依据各自职权对实施行政处罚所做的分工。确定地域管辖之后，就须确定职权管辖，解决应由本地哪一个行政机关来具体实施的问题；

（3）级别管辖是指划分上下级行政机关之间实施行政处罚的分工和权限，《行政处罚法》确定级别管辖，一般要考虑以下三个因素：第一，实施行政处罚在本辖区、本领域的影响程度；第二，违法行为的性质和严重程度；第三，处罚的种类和幅度；

（4）指定管辖是指上级行政机关以决定的方式指定下一级行政机关对某一行政处罚行使管辖权。当两个以上的行政机关在实施某一处罚时，发生互相推诿或互相争夺管辖权的情形，报请共同的上一级行政机关指定管辖；由于特殊原因致使管辖权不明确的。可见指定管辖对于解决重复管辖或管辖空白具有重要作用。

4. 行政处罚的适用

行政处罚的适用是对行政法律规范规定的行政处罚的具体运用，是将行政法律规范规定的行政处罚的原则、形式、具体方法等运用到各种具体行政案件中的活动。行政处罚的适用涉及以下四个方面的问题：

一事不再罚原则：对当事人的同一违法行为，不得给予两次以上罚款的行政处罚。

从轻或减轻行政处罚的情形：

（1）已满14周岁不满18周岁的人有违法行为的；

（2）主动消除或者减轻违法行为危害后果的；

（3）受他人胁迫有违法行为的；

（4）配合行政机关查处违法行为有立功表现的；

（5）其他依法从轻或减轻行政处罚的。

不予处罚的情形：

（1）不满14周岁的人有违法行为的；

（2）精神病人在不能辨认或不能控制自己行为时有违法行为的；

（3）违法行为轻微并及时纠正，没有造成危害后果的。

行政处罚和刑罚合并的情形:《行政处罚法》第22条、第28条规定,违法行为构成犯罪,人民法院判处拘役或有期徒刑时，行政机关已经给予当事人行政拘留的，应当依法折抵相应刑期。违法行为构成犯罪，人民法院判处罚金时，行政机关已经给予当事人罚款的，应当折抵相应罚金。违法行为构成犯罪的，行政机关必须将案件移送司法机关，依法追究刑事责任，不得以行政处罚代替刑罚。

5. 行政处罚程序

行政处罚程序包括简易程序、一般程序和听证程序。

简易程序又称当场处罚程序，是指行政机关或法定授权组织对行政违法行为人施以行政处罚的简单易行的工作程序，一般是由行政执法人员当场做出处罚。行政处罚的简易程序适用于事实确凿并有法定依据，对公民处以50元以下，对法人或者其他组织处以1000元以下罚款或者警告的行政处罚。简易程序一般包括以下步骤：表明身份；告诉当事人做出行政处罚的事实和依据；填写预定格式、编有号码的行政处罚决定书，并应当场交付当事人；执行；执法人员当场做出的行政处罚决定，必须报所属行政机关备案。

一般程序相对于简易程序而言，指行政机关或法定授权组织对行政违法行为人和组织实施行政处罚的一般工作程序。主要包括以下步骤：立案；调查取证；陈述和申辩；决定和送达；执行。

听证程序，是指行政机关为了合理、有效地制作和实施行政决定，公开举行由全部利害关系人参加的听证会所遵循的程序。根据《行政处罚法》第42条规定，听证程序适用于责令停产停业、吊销许可证或执照、较大数额的罚款等行政处罚决定。听证程序的步骤如下：行政机关应当告知当事人有要求举行听证的权利；当事人要求听证的，应当在行政机关告知后三日内提出，行政机关应组织听证，并在听证举行的七日前，通知当事人举行听证的时间、地点；听证由行政机关指定的非本案调查人员主持，当事人认为主持人与本案有直接利害关系的，有权申请回避；听证应公开进行，除涉及国家机密、商业秘密或个人隐私外；听证会应制作笔录；听证会结束后，行政机关依法作出决定。

6. 行政处罚的执行

行政处罚的执行是指行政处罚决定的实施阶段。执行措施有：警告等申诫罚；没收违法所得、没收违法财物；责令停产停业；暂扣或吊销许可证或执照；行政拘留；罚款。

四、抽象行政行为

抽象行政行为是指行政机关制定具有普遍约束力的规范性文件的活动。抽象行政行为主要是指行政立法行为，也包括行政机关制定规章以下行政规范性文件的行为，这里只阐述行政立法行为。

（一）行政立法行为的概念

行政立法行为是专指特定的行政机关依照法定权限和程序制定有关行政管理方面的行政法规和规章的法律行为。行政立法行为是抽象行政行为的组成部分。行政立法行为的主体仅限于特定的行政机关，客体仅限于行政法规、规章，它必须在法定权限内依照法定的程序进行，目的在于执行宪法和法律，实现国家行政管理的职能。

行政立法行为是抽象行政行为的一种，它是抽象行政行为中具有较完整立法意义的行为。行政机关除可以制定行政法规和规章以外，还可以发布行政决定、命令，规定行政措施以及制定其他规范性文件等。这些决定、命令、措施等虽有相当一部分属于抽象行政行为，但它们在形式和内容上都不具备立法要素，不属于行政立法行为。故行政立法行为仅属于抽象行政行为的一种。

行政立法行为具有以下特征：行政立法行为效力的从属性和内容上的执行性；行政立法行为的立法性；行政立法行为的行政性。

（二）行政立法行为的分类

（1）职权立法和授权立法。职权立法是指行政机关按照宪法和有关组织法规定的职权，就职权范围内的事项制定行政法规和规章。授权立法是指依照宪法和有关组织法以外的法律、法规的授权，在授权范围内制定行政法规和规章；

（2）中央行政立法和地方行政立法。中央行政立法是指最高国家行政机关即国务院制定行政法规和国务院各部、委以及具有行政管理职能的直属机构制定部门规章的活动。中央行政立法一般调整全国性的行政管理领域中的普遍性问题和必须由中央作出规定的重大问题，如全国性的治安管理问题、环境保护问题、资源问题等等。地方行政立法是指特定的地方人民政府制定地方政府规章的行为。《中华人民共和国立法法》（以下简称《立法法》）第 73 条规定，省、自治区、直辖市和较大的市的人民政府可以根据法律、行政法规和本省、自治区、直辖市的地方性法规，制定规章。地方政府规章仅在本辖区内生效和适用。

（三）行政立法主体

行政立法行为的主体是指依法取得行政立法权可以进行行政立法活动的行政机关。根据《中华人民共和国宪法》（以下简称《宪法》）、有关组织法及《立法法》的有关规定，获得行政立法主体资格的行政机关有以下三种：

国务院。国务院是我国最高的行政立法主体，有权依据职权、依据法律授权、依据特别授权制定行政法规。《立法法》第56条就国务院制定行政法规的权限和层次作了明确规定，根据《行政法规制定程序暂行条例》的规定，行政法规的名称用“条例”“规定”“办法”“实施办法”“实施细则”等。

国务院的有关部门。根据《宪法》《中华人民共和国国务院组织法》（以下简称《国务院组织法》）及《立法法》的规定，国务院各部、委及中国人民银行、审计署和具有行政管理职能的直属机构，可以在本部门的管辖范围内根据法律、国务院的行政法规、决定、命令，制定规章，即部门规章。国务院部门规章的效力低于国务院制定的行政法规，所制定的部门规章可以称为“规定”“办法”“实施细则”“规则”等。

特定的地方人民政府。根据《宪法》《中华人民共和国地方组织法》和《立法法》的规定，有权制定规章的特定的地方人民政府包括以下几类：（1）省、自治区、直辖市的人民政府；（2）省、自治区政府所在地的市的人民政府；（3）经国务院批准的较大市的人民政府，如齐齐哈尔、大连、鞍山、抚顺、吉林、唐山、包头、大同、邯郸、青岛、淄博、无锡、淮南、宁波、洛阳、徐州、苏州等市的人民政府；（4）经济特区市的人民政府。这些特定的地方人民政府制定的规章称为地方政府规章。地方政府规章的效力仅限于本行政区域内，其效力低于行政法规。

（四）行政立法的权限划分

1. 权力机关与国家行政机关间的立法权限的划分

第一，最高国家权力机关和最高国家行政机关之间的立法权限的划分。

必须由最高国家权力机关由法律规定的事项包括：

（1）国务院和地方各级人民政府的组织；

（2）公民基本权利的行使和基本义务的履行；

（3）有关国家政治、经济、军事、文化等基本制度及管理体制的确立、变更；

（4）国家重要资源的开发、利用和保护；

（5）有关涉外关系方面的重大问题；

（6）宪法规定应由法律规定的其他重大事项。

国务院是最高国家行政机关，根据《宪法》第89条及《国务院组织法》和《立法法》的相关规定，就职权范围内的事项享有行政立法权。

第二，地方权力机关与地方行政机关之间的立法权限划分。凡涉及地方政治、经济、文化等方面重大方针、政策等问题的由地方性法规规定，有关各项具体管理问题的，由地方政府规章规定。应由地方制定法律实施细则的，由地方人大或人大常委会制定地方性法规；应由地方制定行政法规实施细则的，由地方人民政府制定地方政府规章。涉及辖区内全体公民重要权益的，或影响公民重要实体权利义务的，由地方性法规规定；确定相应地区一定领域个人和组织一般行为规则或管理标准的，由地方政府规章规定。

2.国家行政机关之间立法权限的划分

国务院与国务院部门立法权限的划分。实践中，一般作出如下区分：

凡涉及全局性重大问题或涉及几个部门的问题，由国务院以行政法规规定；仅涉及某一部门并属于该部门职权范围内的问题，由国务院相应的部门以部门规章规定。

凡涉及重大方针政策的问题，由国务院以行政法规规定；凡属于具体规则或法律适用标准问题，由国务院有关部门以部门规章规定。

重要法律的实施细则或实施办法，由国务院以行政法规规定；涉及国务院某一部门行政管理事务的行政法规的实施细则或实施办法由国务院有关部门以部门规章规定。

由全国人大及其常委会授权国务院立法的事项，由国务院以行政法规规定，授权立法的行政法规的实施细则或实施办法，由国务院有关部门以部门规章规定。

国务院与特定的地方人民政府的行政立法权限的划分。凡涉及全国性行政管理事项和重大方针政策的问题或者涉及不同省区之间的问题，由国务院以行政法规规定；仅涉及某一地区的问题，由该地区特定的地方人民政府以规章规定。凡法律规定须由国务院制定实施性规则的，由国务院以行政法规规定；凡法律规定可由地方人民政府制定实施性办法的，由特定的地方人民政府制定地方政府规章。

（五）行政立法程序

行政立法程序是指行政机关依照法律的规定制定、修改和废止行政法规或规章的活动程序。行政机关的立法程序一般可分为以下几个阶段：

（1）编制立法规划。行政立法规划是根据国民经济和社会发展的基本任务编制的。在我国，行政立法规划分为五年规划和年度规划两种；

（2）起草。政府主管部门对列入立法规划的议案，草拟法案。所起草的行政法规和规章，应当符合法定的要求，形式上须符合法定的统一规范，分为编、章、节、条、款、项、目；

（3）征求意见。行政法规和规章在起草过程中要广泛征求公民、社会组织的意见，特别是利害关系人的意见和有关专家的意见，包括技术专家、管理专家和法学家的意见。此外还须征求行政机关或其他国家机关中有关部门的意见；

（4）审查和通过。行政法规和规章草案拟订后，起草部门应当将草案报送政府的法制机构审查。政府法制机构对于依据立法规划确需立法，且内容符合宪法、法律和上级行政机关的行政立法的规定，立法程序也符合法定要求的立法草案，应当写出审查报告，提交会议讨论通过；对不符合上述规定的，不予提交会议讨论通过。

行政立法机关收到法制机构的审查报告后，即对立法草案进行正式审议和通过。

通过是指行政法规、规章在起草、审查完毕后，由行政立法机关在正式会议上讨论表决的制度。行政法规由国务院总理签署；部门规章由部门首长签署；地方政府规章由省长、自治区主席和市长签署。

（5）发布和备案。发布是行政法规和规章生效的必经程序和必要条件。行政法规和规章经审议通过或者决定后，应当由行政首长签署发布令，在政府公报上或通过新闻媒介予以发布。备案是将已发布的行政法规、规章上报法定的机关，在必要时备查的程序。

任务三 行政责任与行政救济

一、行政责任

行政责任是“行政主体因违反行政法律规范而依法必须承担的法律责任，它是行政违法（以及部分行政不当）所引起的法律后果”。这是目前比较通行的观点。从该定义中，我们可以理解到，行政责任是一种法律责任，这种法律责任是由行政违法而引起，且是一种独立的责任，也就是说，行政责任不能代替其他责任，其他责任也不能取代行政责任。当然，行政责任是行政主体的一种外部责任，它并不包括行政主体内部的责任。

行政主体及其行政人承担行政责任的前提条件是：①行政行为人有行政违法或行政不当的行为；②行政行为人具有责任能力；③行政行为人在进行或不当行政行为时主观上有过错。

关于行政责任的种类，从不同角度可有不同的划分方法。已取得较多共识的有如下三种划分方法：

（1）划分为国家侵权责任和国家合同责任。行政责任通常因行政当局的侵权或违约而产生且应由国家予以赔偿或补偿。此种划分方法也为许多国家行政法学者所普遍接受；

（2）划分为惩罚性行政责任和补救性行政责任。前者是指针对具体实施行政违法或不当行为者的通报批评、行政处分、责令承担一定赔偿额等，它通过惩罚来达到教育的目的；后者是针对因行政违法或不当行为而致合法权益受到损害的相对人予以各种有效补救，它是行政责任的主要方面；

（3）划分为制裁性行政责任、强制性行政责任和补救性行政责任。

这三类法律责任是紧密关联的、互为补充和有所区别的。

行政责任的表现形式多种多样，其中主要是补救性的行政责任形式。具体而言，可采用的补救性行政责任形式主要有：①承认错误，赔礼道歉。这是非财产性质的最轻微的一种补救性行政责任形式。②恢复名誉，消除影响。这也是非财产性质的补救性行政责任形式。③履行职务。这种责任由行政失职者具体承担。撤销违法。对于行政违法行为，行政机关本身有义务撤销，行政相对人有权要求撤销，权力机关、上级行政机关、审判机关有权依法予以撤销。④纠正不当。即行政不当行为要予以矫正的责任。⑤返还权益。当行政相对人的合法权益被非法或不当剥夺，因而撤销或变更行政违法行为时，必须返还相对方的权益。⑥恢复原状。在行政违法造成相对人的物品损坏时，行为人应承担恢复原状的责任。⑦行政赔偿。行政侵权行为造成行政相对人财产上的实际损失，必须承担赔偿责任，这是一种单一的财产责任；而且这也是在无法恢复原状的情形下给予该相对人权利补救的一种形式。

二、行政救济

（一）行政救济概述

1. 行政救济的内涵

在日常生活中，我们常把救济理解为“对困难人员的补助”“对受灾群众的救助”，这种意义上的救济是事实上的一种物质帮助，而不是法律意义上的救济。法律意义上的救济总是和处理纠纷相联系。这种救济包括立法机关的救济、行政机关的救济、司法机关的救济。行政救济是限定在行政法范围内的特定救济，直接面向和专门保护、救济公民和组织，是一种事后补救行为。

因此，行政救济是指特定的国家机关对行政机关的违法或不当行为的纠正，弥补其给公民、法人或其他组织的合法权益造成损害的法律救济制度的总和。行政救济是对外部行政相对人的救济而非对行政机关内部公务员的救济，是针对行政侵权行为的救济而非针对行政合同行为的救济。

2. 行政救济的基础

行政救济的产生，是民主政治和法律不断发展完善的结果，宪法中的民主与法治原则为行政救济制度提供了存在的理由和基础。而民主与法治作为行政救济制度的基础，主要表现在以下两个方面：

（1）公民权利保护。法治原则体现出行政法不仅是管理法，更是关于行政救济的法。在行政管理活动中，公民的人身权、财产权等往往受到行政权力的支配，公民对这种支配要服从。但在这种服从过程中，往往会发生行政权违法行使导致损害公民合法权益的事实。现代行政法的立法目的应将防止这种不法侵害，保障公民的合法权益作为立法的着眼点。宪法确立了公民的基本权利，行政法应该与宪法的立法目的保持一致，从这个角度上看，行政法必定是一部以宪法为基础的权利救济法。

（2）政府守法。政府守法表现在三个方面：①合法行政。行政机关应该在法律规定的范围内行使自己的职权，按照法律规定的程序为人民服务，一切置于法律的权威下。②合理行政。行政机关的自由裁量权的行使必须公平，符合法律的原则，而不是完全的自由，要出于正当的目的，考虑相关的因素。③承担行政责任。行政机关对于其自身的不当作为引起的行政责任，应该承担，并对造成的伤害予以补救。

法治原则意味着政府的一切权利受到法律的限制，行政机关及其工作人员在他们代表国家行使权力时，这些权力活动必须要有法律的依据，否则就构成侵权，就会引起相应的法律责任，侵害到相对人的合法权益，受害者由此便获得了救济请求权。

3. 行政救济的特征

（1）法定性。行政救济是在法律规定下的一种公权力对私权利的救济制度。法律明确规定公民法人或其他组织享有请求行政救济的权利。

（2）事后性。行政救济是以公民、法人和其他组织遭受侵害为前提的，是一种事后性的救济。行政救济以损害为前提。

（3）请求性。行政机关在运用权力过程中发生过失，相对人对该行为的合法性未提出异议，就不会引起行政救济问题；损害发生后相对人未提出救济请求，也不引起救济问题。行政救济是基于受侵害的相对人提出救济请求而开始的。通常情况下，没有救济请求，有关国家机关不主动实施救济。

（二）行政救济的种类和方法

1. 行政救济的种类

行政救济根据不同的划分标准可以分为不同的种类，以下是对这些分类依据的概括：

（1）根据行政主体拥有的行政职权的内容，行政救济分为公安行政救济、税务行政救济、海关行政救济、教育行政救济等；

（2）根据行政救济的范围，可分为内部行政救济与外部行政救济；

（3）根据行政救济所遵循的程序，可分为诉讼救济与非诉讼救济；

（4）根据救济内容的性质，可分为对创制规范性文件行为的救济和对适用规范性文件行为的救济；

（5）按照当事人的救济提起权来划分，可分为分别基于公民申诉控告权、行政复议申请权、行政诉讼起诉权和国家赔偿请求权的救济。本节主要介绍以下几种救济种类：

①行政法上的申诉，是当事人在遭受国家行政机关或者公共机构违法或者不当处理时，向国家机关陈述事实和理由并要求给予法律补救的活动。我国现行立法中，行政法意义上的申诉主要有以下几种：向地方人民代表大会常务委员会的申诉、向行政监察机关提出控告，向行政主管部门的申诉、信访。

②行政复议，是指行政机关依照行政程序受理和处理行政争议案件的制度。行政复议机关根据层级监督关系或法律的规定，主要通过审查具体行政行为的合法性和适当性，为受到行政侵权的公民、法人和其他组织提供法律救济。目前，我国进行行政复议的基本法律依据是《中华人民共和国行政复议法》。

③行政诉讼，是人民法院依照司法程序受理和处理行政争议案件的制度。通过对具体行政行为的合法性审查，人民法院为受到行政侵权的公民、法人和其他组织提供法律救济。撤销、变更、确认违法等是法院为当事人恢复和补救权利的司法手段。目前，我国进行行政诉讼的基本法律依据是1989年第五届全国人民代表大会通过的行政诉讼法，该法根据2014年11月1日《全国人民代表大会常务委员会关于修改〈中华人民共和国行政诉讼法〉的决定》修订，自2015年5月1日起施行。

④行政赔偿，是公民、法人和其他组织有权依照法律，在其利益受到行政机关及其工作人员行使行政职权行为的侵犯造成损害时，要求国家承担赔偿责任，以此来获得救济。对于已经受到的损害，如果只是予以撤销、变更或者确认违法，对受到实际损失的当事人的救济就是不完整的，也是不公平的。因此，行政赔偿是行政法上的法律救济体系中不可缺少的组成部分。《中华人民共和国国家行政赔偿法》是国家赔偿的法律依据。

2. 行政救济方法

行政救济方法，是指有权实施行政救济的国家机关采取的弥补受侵害损失的具体措施。依照我国有关法律、法规的规定，行政救济方法主要有：

（1）撤销。对于行政机关及其工作人员作出的违法决定，采取撤销的救济方式维护相对人的合法权益；

（2）变更。对于行政机关作出的不当决定，可以变更，使其符合法律规定，符合相对人的合法权益；

（3）责令履行义务。这是针对行政机关及其工作人员的不作为而言的，当相对人控告行政不作为时，法院依据法律法规的规定，相应地责令行政机关及其工作人员履行义务，维护相对人的合法权益；

（4）司法执行措施。法院对于行政机关及其工作人员无故拒不履行作为义务的时候，可以采取司法强制措施，积极地督促行政机关履行职责；

（5）行政赔偿。行政机关及其工作人员在违法行使职权给公民、法人或其他组织造成损失时，由国家给予受害人赔偿。

（三）行政救济的途径

行政救济的途径，是指相对人的合法权益受到行政损害时，请求救济的渠道，即通过何种渠道请求救济。保障和维护公民的合法权益是行政救济的法律制度的宗旨。行政救济立法在设立了相对人合法权益的保障条件的同时，也设立了实现这种权益救济的保障途径。通过这些途径，相对人的损失得到补救。

具体而言，相对人可以主动请求救济，而有权给予救济的机关在判明责任的基础上，责令侵权的行政机关承担相应的救济责任，同时有权救济的机关也可以直接实施救济。

我国目前的行政救济途径主要有：

1. 监察救济

监察救济是指相对人就行政侵权行为向政府系统的行政监察部门申诉，请求救济的途径。这种救济途径，相对人只能请求行政监察部门对行政违法、侵权的行政工作人员给予一定的处理，如行政纪律处分。行政监察机关不能直接撤销、变更一个具体行政行为，也不能裁决予以赔偿，此种救济属于行政系统内部的救济。

实行监察体制改革，设立监察委员会，建立集中统一、权威高效的监察体系，是事关全局的重大政治体制改革。试点地区要按照改革试点方案的要求，切实加强党的领导，认真组织实施，保证试点工作积极稳妥、依法有序推进。该决定于 2016 年 12 月 26 日起施行。

2. 复议救济

复议救济相对于法院救济而言，可称作行政上的救济，法院救济可称为诉讼救济或司法救济。复议救济是指相对人认为行政机关的具体行政行为侵犯其合法权益，向作出具体行政行为的上一级行政机关或其设置的专门机构申诉，请求救济。复议救济是一种功能较完备的救济途径，复议机关在这种救济途径中可以选择的方式不再单一，它在查明事实、判明责任的基础上，既可撤销，也可变更，还可责令作出赔偿。具体而言，可以撤销一个违法的具体行政行为，使其违法行为效力消灭，恢复相对人的合法权益；可以变更一个不当的行政行为，使相对人获得合理的权益或消除相对人所承担的不合理的义务，使具体行政行为对相对人的影响恢复正常；可以责令行政机关就损害后进行经济赔偿，使相对人的物质损失或精神损害获得补救。

3. 立法救济

立法救济是指相对人就行政机关及其工作人员的行政侵权行为，向人民代表大会申诉，请求救济的途径。但是权力机关只在重大决策和立法活动中对行政机关进行监督，这是对抽象行政行为的一种监督，而对具体行政行为的监督则较少。在这种立法救济中，对于行政机关的重大行政政策的失误或立法与宪法、法律抵触，可以撤销或改变，或责令行政机关承担相应的政治责任。对于具体行政行为违法或不当造成的损害，相对人一般只能采用其他救济途径，请求救济。

4. 诉讼救济

诉讼救济是指相对人认为行政机关的具体行政行为侵犯其合法权益，向人民法院提起诉讼，由人民法院对被诉具体行政行为进行审查，将违法行为予以撤销，造成损害者判令赔偿的救济途径。法院对相对人受到的损害可以运用诸多的救济手段，使相对人的合法权益得到恢复和补救。如判决撤销违法的行政行为，判决变更不当的行政行为，判令行政机关履行法定职责和判令行政机关予以赔偿等。应该指出，还有一种很重要的行政赔偿救济存在于行政救济制度中，但是在我国，它并不是一种独立存在的救济途径，因为我国立法并未设立一种专门的赔偿救济机关，赔偿救济的取得可以通过复议救济途径，也可以通过诉讼救济途径。因此，目前的赔偿救济只以一种救济手段的形式存在。

项目 4 商法

任务一 商法概述

一、商法的概念

商法就其一般意义而言是关于商事的法律，是现代国家法律体系的重要组成部分，是调整商事关系的法律规范的总称。所谓商事关系，就是指在商业管理、商品流通和商业服务等商务活动中发生的社会关系。

关于商事的含义，有广义和狭义两种解释。前者是指一切与商业有关的事项，包括；商事契约、商业组织、商事仲裁、商业登记、商业管理、商业会计、商业课税、商业运输、商业保险等；后者仅指商业登记、公司、保险和海商。所以有学者认为广义的商事是经济学上的商事；狭义的商事是法学上的商事，即商法中所调整的商事关系。

二、商法的调整对象和范围

（一）商法的调整对象

商法调整的对象，是指商法作为特殊的法律规范体系对现实生活发生作用的范围。

按照法理学的一般认识，法律对社会生活的调整主要是借助于社会关系来实现的；不同社会关系自身的内在联系和不同社会关系的彼此差异，构成了法律调整对象的各自特性和相互区别，创造了调整同一类社会关系的法律规范体系，奠定了法律部门划分的基础。

因此，独立的商法调整对象反映了商法独立存在的可能性和必要性，是商法部门建立的基础，是商法区别于其他法律部门的本质特征所在。商法的调整对象为商事关系。

商法，又称商事法，是以商事关系为调整对象的法律规范的总和。所谓商事关系，商事活动经过商法的调整即形成了商事法律关系。由于商法是私法，同时又具有公法性，所以，商法的调整对象可以概括为：

（1）国家对商事的管理关系。商法虽然是私法，但因商法对国家经济生活的重要作用，国家必须对商事关系加以管理。如商业登记法就是国家管理商事关系的重要手段。

只有通过商业登记，国家才能严格控制和管理商事主体的经营活动。国家对商事主体的管理关系是一种不平等的、管理与被管理的关系；

（2）平等主体之间的商事关系。商法是私法，其主要的调整对象是平等主体之间的商事关系。商事主体在商事活动中的地位是平等的，他们通过商事合同来确立和调整他们的关系，如保险合同、运输合同、买卖合同；

（3）商事主体内部的经营管理关系。商法不仅要调整国家对商事的管理关系和平等主体之间的商事关系，而且还要调整商事主体内部的管理关系。如公司法要规定公司与股东之间的关系、公司内部的组织机构及其相互关系；保险法要规定保险企业内部的组织、经营关系等。

（二）商法的调整范围

关于商法的调整范围，各国法律规定不尽一致。《法国商法典》包括公司法、票据法、海商法、破产法和诉讼法；《德国商法典》包括商业登记法、公司法和海商法：《日本商法典》包括商业登记法、公司法、保险法和海商法。总的来说，传统商法主要包括公司法、票据法、海商法、保险法、商事程序法等内容。但是随着当代经济交往的扩大和商事交易的多样化、复杂化，商法的范围在不断扩大。诸如证券法、工业产权法等都已成为商法的重要组成部分。因此，各国在法典规定不足的情况下，大多通过另外制定单行法加以补充。

三、商法的分类

（一）形式的商法和实质的商法

商法有多种分类，从表现形式来看，有形式的商法和实质的商法之分。前者指法典形式的商法，后者泛指一切调整商事关系的法律规范。

形式的商法，最典型的就是独立于民法典之外的商法典。这种立法体例称为民商分立制。法国、德国、日本等国采用了这种体例。

英美法系没有民法和商法的严格区分，因而不存在民商分立与民商合一的问题。英美法系的商法概念属于实质商法的范畴。

（二）广义商法和狭义商法

从包括的内容来看，商法又可以分成广义商法和狭义商法。广义的商法，包括国内商法和国际商法。狭义的商法，仅指国内法中的商事私法部分。各国研究商法的著作，一般都是以狭义商法为对象。

（三）商人商法、商行为商法、折中商法、习惯商法

商法依立法基础的不同进行划分，可以分为商人商法、商行为商法、折中商法和习惯商人商法，即以商人作为立法基础，在法律中先确定商人的概念。同一行为，商人所为的适用商法，非商人所为的适用民法或其他法规。如德国、瑞士、澳大利亚等国的商法属此范围。

商行为商法，即以商行为作为立法基础，在法律中先确定商行为的概念，即凡是其行为性质属于商行为，适用商法，而不问行为人是否为商人。如西班牙、法国、卢森堡、埃及、阿根廷等拉丁语系各国的商法属此范围。

折中商法，即以商行为和商人分别作为立法基础。例如在海商、破产、公司等方面以商行为为基础，在总则、票据等方面以商人为基础。《日本商法典》第 3 条规定："当事人一方实施商行为时，本法适用于双方，当事人一方有数人，其中一人实施商行为时，本法适用于全体。"

习惯商法，即英美商法，是依据商业习惯和判例形成的法律。例如英国 1882 年的票据法，美国 1952 年的《统一商法典》。

四、商法的渊源

商法的渊源是指商法的表现形式。商法的渊源主要有以下几种。

（一）商事法律

商事法律是指一国立法机关通过一定立法程序制定的商事法律规范。商事法律有两种形式：一是商法典。在采取民商分立的国家中，商法典是调整商事关系的基本法；二

是商事单行法。在民商合一的国家中，商事单行法是调整商事关系的最主要法律规范。

不仅如此，就是在民商分立国家及英美法系国家中，商事单行法也占有十分重要的地位。

重要的商事单行法有：公司法、票据法、海商法、保险法等。我国是民商合一的国家，没有商法典，商事单行法也是作为民法的特别法。

（二）民法中的商事规定

在民商合一的国家中，没有独立的商法典，有关商事关系的基本原则及主要活动规则均适用民法典的规定。如民法中有关债的规定，有关代理、法律行为的规定以及有关买卖合同、运输合同、承揽合同等的规定，都是有关商事关系的法规。我国是民商合一的国家，所以，《中华人民共和国民法通则》是商法的重要渊源之一。

（三）商事习惯法

商事习惯是指调整商事固有的习惯。商事习惯法是指经过法律确认的发生法律效力的习惯规则，是调整商事关系固有的习惯。商法最早就是起源于商事习惯法，它对商事关系的调整具有重要的作用，特别是在海事方面。商事习惯法的地位，各国法律规定不尽一致。在民商合一的国家中，商事习惯法不能优先于商事单行法及民法中有关商事的规定而适用，只有在商事单行法或民法没有规定时，才能适用商事习惯法；在民商分立的国家中，商事习惯法优先于民法而适用。

（四）判例

商事判例在英美法系国家及一些成文法系国家，均是一种比较重要的商法渊源。在英美法系国家，商事判例可以“创造法律”。在某些成文法国家，判例被认为是介于商事习惯与法理之间的一种法律渊源，其功能有三：一是解释商事法规，二是确认商事习惯，三是明确商事法理。

（五）商事法理

商事法理是指在商事领域内，统一商事原则和法律一般原则的学说。商事法理只有在既没有商事法律规定，又没有商事习惯可遵循时，才能适用。

（六）国际公约和国际惯例

商法具有国际性的特点，因而一国所参加的国际商事公约及采纳的国际商事惯例也是该国商法的法律渊源。

在我国，商法的渊源主要为制定法、立法和司法解释、商事自治法等，它可以分为以下几种：

（1）法律，即全国人民代表大会及其常务委员会制定、颁布的规范性文件。如《中华人民共和国公司法》；

（2）行政法规和行政规章，即国务院及其所属机构制定的规范性文件。如《中华人民共和国公司登记管理条例》《中华人民共和国企业法人登记管理条例》；

（3）地方性法规，即地方国家权力机关和行政机关制定的规范性文件。如《深圳经济特区商事条例》《上海市房屋租赁条例》《上海市合同格式条款监督条例》等；

（4）国际条约、国际惯例，即我国参加的国际条约。如《1996 年国际船舶载重线公约》；

（5）立法解释，即全国人大常委会关于商事法律的立法解释。

五、商法的基本特点和原则

（一）商法的特征

商法的特征是指商法区别于其他法律部门的主要标志，是商法本质的外在表现形式。商法的特征主要有以下几种：

1. 营利性

营利性是指商事主体通过经营活动而获取经济利益的特性。营利性是商事活动的主要特性。商主体身份之确立、商行为之界定、商活动之目的及商立法和司法之原则，无不与营利有关。

2. 特定性

商法作为一个特殊的法律部门，其调整的对象不是一般人，其法律规则的适用也不是一般的和普遍的，而是特定的。它或者仅适用于履行了商事登记而具有商主体资格的人，或者仅适用于商行为。多数国家法律规定，非商人和非商行为者，不得适用商法。

3. 技术性和易变性

商法是一种实践性极强的法律，它对商行为中的行为方式、行为环节、行为规则都作了具体详细的规定，具有可操作性和技术性，与民法中偏重于理性规范的特点颇不一样。同时，由于商法规范本身必须及时反映现实商事交易活动之需求，而商事交易活动的内容和形式都是发展变化的，因而商法与一般法律相比，其修改更为频繁。

4. 公法性

在大陆法系国家，法律被分为公法和私法。商法作为调整商事交易主体关系的法律，作为民法的特别法，从根本上说属于私法范畴。但是，它又不同于普通私法，而是一种特别私法规范体系。在这样一种规范体系中，以私法规范为核心，同时包含有大量的公法性条款，即国家通过立法形式来干预商事交易活动的规范，如商事登记等。这些公法性条款始终处于为私法交易服务的地位，由此，它还不能从根本上改变商法的私法属性。

5. 国际性

商法最初起源于商事交易习惯，而商事交易本身是一种跨国界的活动。因此，在人类社会早期阶段，商法主要是一种跨国商事交易习惯和惯例，这种状况一直延续到中世纪。西方社会进入资本主义阶段之后，贸易在各国经济生活中的地位日益提高，国家开始重视对贸易的管制，便纷纷制定本国商法。这样，商法才开始成为一种典型的国内法，但这一结果在很大程度上妨碍了世界贸易的发展。20 世纪以来，随着资本主义的进一步发展和贸易全球化趋势愈益加强，商法国际化呼声日益高涨，最终导致两种倾向：其一，国际商事立法得到加强，制定和缔结了大量的国际商事法律、国际条约、国际惯例；其二，各国不断修改本国商法规则，使其彼此之间以及与国际商事法律、惯例之间更为协调。

正由于此，今天各国商法都带有较强的国际性色彩。

（二）商法的基本原则

商法的原则是指集中体现商法的性质和宗旨，调整商事法律关系必须遵守的基本准则。它是制定商法典的根本出发点，更是适用商法的指导原则。

1. 商主体法定原则

现代各国一般都制定有大量的强行性法规对商主体的资格予以严格控制，形成了商主体严格法定原则。

商主体法定原则是传统商事交易行为之自由主义向现代商事活动之国家干预转变的结果，是现代商事管理制度的核心，是商事登记制度的基础。它充分反映了作为私法的商法所含有的公法性成分。

2. 公平交易原则

公平原则是民法最基本的原则。商法作为民法的特别法，民法的公平原则在商法中的具体体现形成了公平交易原则。公平交易原则的含义是指，商主体应本着公平的观念从事商行为，正当行使权利和履行义务；在商事交易中兼顾他人利益和社会公共利益。

在商法上，交易公平的基本原则主要体现为平等原则和诚实信用原则。

（1）平等原则。现代商法上的平等原则主要指当事人之间的权利平等原则和市场参与者之间的机会均等原则。首先，在交易当事人之间，应当贯彻合同法的平等自愿原则，不允许运用欺诈、胁迫等不正当手段使他人在违背其真实意思的情况下订立合同。其次，企业组织内部成员之间的关系也要遵循平等原则。在市场秩序方面，现代商法为了维护公平竞争原则，必须制定一系列的规则，禁止恃强凌弱，禁止以政治权力或其他特权谋取交易中的优势，禁止以不正当手段损人利己，禁止垄断和歧视；

（2）诚实信用原则。诚实信用原则是现代商法中的一项极其重要的原则。在德国，诚实信用原则被称作“超级调整规范”。现代商法奉行诚实信用原则，在许多场合规定了当事人披露有关事实的义务和履行约定条款的义务，禁止欺诈和背信行为。在一些国家，诚实信用原则还被用于解释或修正合同条款，以及对合同订立后因情势变更引起的合同利益的严重失衡加以补救。

3. 交易简便、迅捷原则

交易便捷的意义在于节约时间成本。节约时间意味着减少费用和加快流转。为此，现代商法主张尽可能地免除一切不必要的手续、限制和干预，给交易者以充分的自由空间。现代商事立法大量采用任意性规范和弹性规则，体现了这样一种思想：法律给予交易者必要的提示和指导，而具体交易条件和交易形式由他们自己决定。

4. 鼓励交易原则

商法是自由经济的产物。虽然现代商法具有很强的公法色彩，加强了国家对商事活动的干预，但这种干预的根本目的不是限制交易，妨碍交易，而是通过建立良好的交易秩序保障交易，促成交易。商法以鼓励交易为其基本原则之一，目的在于通过最大化地优化和利用资源，最大可能地促成社会经济的交往。正是鼓励交易原则，构成了市场经济条件下以保障交易为己任的商法与计划经济条件下以管制交易为己任的商业法之间的根本性区别。

5. 交易安全原则

这一原则是指必须充分保障商事交易活动中交易各方对其行为内容予以充分提示，使相对人能够全面知晓，并加强法律监管，维护交易安全。

保障交易安全，还涉及交易中的制度性风险。制度性风险通常表现为商事关系中的不确定因素，它使人们无法确切地把握其交易行为的法律效用和法律后果，从而减少交易的动机或者增大交易的成本。因此，商法的一项任务，就是尽量减少商事关系中的不确切、不稳定因素，提高行为的法律效果的可预见性，以增强人们的安全感，调动人们从事交易的积极性。其主要表现有以下几个方面：

（1）强行主义。现代商法为保障交易安全，在必要的情况下设置了一些要式主义或干预主义的强行规定。这种情况属于商法自由原则的例外。要式主义就是针对一些特殊情况设立特别的形式要件或者特定的法律后果，以规范人们的交易行为，避免因行为人的欺诈或疏漏而造成损失；

（2）公示原则。在涉及公众或多数当事人的场合，商法实行公示原则，要求将有关事实公之于世。公示的方式，一是登记，二是公告。登记是将有关重要事实与相关文件记载和保存于法定登记机关，供利害关系人随时查阅。公告是通过一定媒介将有关重要事件及事实向公众宣布；

（3）外观法则。对于商事法律行为的效力，各国商法大都采用客观主义的认定方法，即有关行为的内容及含义的解释，以表示行为的客观表象为准，即使这种解释不利于表意人也不得推翻；

（4）严格责任。为了保障交易安全，商法采取了一些责任严格化的措施，来加强对交易行为的风险约束。严格责任的基本要求，是防止行为人将损失风险转嫁给他人；

（5）对善意买受人的保护。在商事交易中，一方当事人存在权利瑕疵时，如果相对人为善意买受人，则法律保护相对人的合同权利。例如，英国规定，公司董事超越公司授权范围的行为，公司应当承担其法律效果，除非公司能够证明相对人已知或者不可能不知该行为越权。

任务二 公司法

一、公司的概念及其立法概况

公司是指全部资本由股东出资构成，股东以其出资额或所持股份为限对公司承担责任，公司以其全部资产对公司债务承担责任的依《中华人民共和国公司法》（以下简称《公司法》）成立的企业法人。作为企业的一种高级形式，公司具有以下基本特征：①是以营利为目的的企业；②是具有法人资格的企业；③是以股东投资为基础设立的股权式企业；④是依《公司法》设立的企业。

由 2005 年 10 月 27 日第十届全国人民代表大会第十八次会议通过的新《公司法》，已经于 2006 年 1 月 1 日起正成实施，成为公司运行的新准则。我国《公司法》规定的公司包括有限责任公司和股份有限公司。有限责任公司的股东以其认缴的出资额为限对公司承担责任；股份有限公司的股东以其认购的股份为限对公司承担责任。

二、有限责任公司

（一）有限责任公司的概念和特征

有限责任公司是由两个或两个以上股东共同出资，每个股东以其所认缴的出资额对公司承担有限责任，公司以其全部资产对公司债务承担责任的企业法人。有限责任公司将合资公司和人合公司的优点综合起来，是一种发展历史较短的公司形式。其基本法律特征有：①公司的全部资产不分为等额股份，不公开发行股票。②股东人数有较严格限制。③股东仅承担有限责在，并按其出资比例享受权利、承担义务。④股东出资的转让有严格的限制。⑤公司的设立程序和公司的组织较简单。在设立上，有限责任公司只允许发起设立而不能募集设立，只要有几个股东缴足出资额即可；在组织上，有限责任公司可由一个或几个董事管理，而不设董事会。

（二）有限责任公司的设立

根据《公司法》的规定，设立有限责任公司，应当具备下列条件：

股东符合法定人数。有限责任公司由 50 个以下股东共同出资设立。但国家授权投资的机构或者国家授权的部门可以单独设立国有独资的有限责任公司。

股东出资达到法定资本的最低限额。有限责任公司的注册资本为在公司登记机关登记的全体股东实缴的出资额。公司全体股东的首次出资额不得低于注册资本的 20%，也不得低于法定的注册资本最低限额，其余部分由股东自公司成立之日起两年内缴足；其中，投资公司可以在 5 年内缴足。有限责任公司注册资本的最低限额为人民币 3 万元。法律、行政法规对有限责任公司注册资本的最低限额有较高规定的，从其规定。股东可以用货币出资，也可以用实物、知识产权、土地使用权等可以用货币估价并可以依法转让的非货币财产作价出资；但是，法律、行政法规规定不得作为出资的财产除外。

股东共同制定公司章程。章程的内容包括公司的名称和住所、经营范围、注册资本额、内部组织机构、股东的权利和义务、公司的解散事项及清算办法等。

有公司名称，建立符合有限责任公司要求的组织机构。有限责任公司名称中必须标有“有限责任公司”字样，其内部组织机构必须符合有限责任公司的要求。

有公司住所。

（三）有限责任公司的组织机构

有限责任公司的组织机构包括股东会、董事会和监事会。

（1）股东会。股东会是公司的权力机构，由全体股东组成。股东会主要行使如决定公司的经营方针和投资计划；选举和更换董事，决定有关董事的报酬；选举和更换由股东代表出任的监事，决定有关监事的报酬；审议批准董事会的报告；审议批准监事会或者监事的报告等职权；

（2）董事会。董事会由公司的全体董事组成，是公司法定的常设经营决策和业务执行机关。有限责任公司设董事会，其成员为 3~13 人。两个以上的国有企业或者其他两个以上的国有投资主体投资设立的有限责任公司，其董事会成员应当有公司职工代表。董事会中的职工代表由公司职工民主选举产生。董事会设董事长 1 人，可以设副董事长 1~2 人。董事长和副董事长的产生办法由公司章程规定。董事长为公司的法定代表人。股东少、规模小的公司，也可以不设董事会，只设 1 名执行董事，有限责任公司不设董事会的，股东会会议由执行董事召集和主持。董事会主要行使如召集股东会；并向股东会报告工作；执行股东会的决议；决定公司的经营计划和投资方案：制定公司的年度财务预算方案、决算方案；制订公司的利润分配方案和弥补亏损方案等职权。董事会决议的表决，实行一人一票；

（3）监事会。监事会是对公司的业务活动进行监督和检查的常设机构。经营规模较大的有限责任公司设立监事会，其成员不得少于 3 人。监事会应在其组成人员中推选 1 名召集人。监事会由股东代表和适当比例的公司职工代表组成，具体比例由公司章程规定。股东人数较少和规模较小的，可以设 1~2 名监事。董事、经理及财务负责人不得兼任监事。监事会或者监事主要行使如检查公司财务；对董事、经理执行公司职务时违反法律、法规或者公司章程的行为进行监督等职权。

（四）国有独资公司

国有独资公司是指国家单独出资、由国务院或者地方人民政府授权本级人民政府国有资产监督管理机构履行出资人职责的有限责任公司。国务院规定的生产特殊产品的公司或者属于特定行业的公司，应当采取国有独资公司的形式。国有独资公司不设股东会，由国家授权投资的机构或者国家授权的部门，授权公司董事会行使股东会的部分职权，决定公司的重大事项。但公司的合并、分立、解散、增减资本和发行公司债券必须由国家授权投资的机构或者国家授权的部门决定。国有独资公司设立董事会。董事每届任期不得超过 3 年。董事会成员中应当有公司职工代表。董事会成员由国有资产监督管理机构委派；但是，董事会成员中的职工代表由公司职工代表大会选举产生。董事会设董事长1人，可以视需要设副董事长。国有独资公司监事会成员不得少于5人，其中职工代表的比例不得低于1/3，具体比例由公司章程规定。

（五）一人有限责任公司

一人有限责任公司，是指只有一个自然人股东或者一个法人股东的有限责任公司。一人有限责任公司的注册资本最低限额为人民币10万元。股东应当一次足额缴纳公司章程规定的出资额。一个自然人只能投资设立一个一人有限责任公司。该一人有限责任公司不能投资设立新的一人有限责任公司。出资人既可以是自然人也可以是法人。一人有限责任公司的股东不能证明公司财产独立于股东自己的财产的，应当对公司债务承担连带责任。

三、股份有限公司

（一）股份有限公司的概念与特点

股份有限公司是注册资本由等额股份构成，并通过发行股票（或股权证）筹集资本，股东以其所认购股份对公司承担有限责任，公司以其全部资产对公司债务承担责任的企业法人。其基本特征是：①全部资本分为等额股份。②股东应为法定最低人数以上。③股票可以依法自由转让。④股东皆负有限责任。股东以其认购的股份额为限对公司的债务负责，除此之外不对公司或公司的债权人负任何责任。公司不得依据章程或约定超出股份限度，加重股东责任。

（二）股份有限公司的设立

设立股份有限公司，应当具备下列条件：

（1）发起人符合法定人数。股份有限公司的设立，可以采取发起设立的方式，也可以采取募集设立的方式。发起设立，是指由发起人认购公司应发行的全部股份而设立公司；募集设立，是指由发起人认购公司应发行股份的一部分，其余股份向社会公开募集或者向特定对象募集。设立股份有限公司，应当有2人以上200人以下为发起人，其中须有半数以上的发起人在中国境内有住所；

（2）发起人认缴和社会公开募集的股本达到法定资本最低限额。股份有限公司的注册资本为在公司登记机关登记的实收资本总额，股份有限公司注册资本的最低限额为人民币500万元。法律、行政法规对股份有限公司注册资本的最低限额有较高规定的，从其规定。以发起设立方式设立股份有限公司的，发起人以书面形式认足公司章程规定发行的股份后，应即缴纳全部股款；分期缴纳的，应即缴纳首期出资。以实物、工业产权、非专利技术或者土地使用权抵作股款的，应当依法办理其财产权的转移手续。以募集设立方式设立股份有限公司的，发起人认购的股份不得少于公司股份总数的35%，其余股份应当向社会公开募集；

（3）股份发行、筹办事项符合法律规定。《公司法》对股份发行、筹办事项做了详细规定，股份有限公司的设立必须符合法律的这些规定；

（4）发起人制定公司章程，并经创立大会通过；

（5）有公司名称，建立符合股份有限公司要求的组织机构。依法设立的股份有限公司，必须在公司名称中标明“股份有限公司”字样。股份有限公司应具备相应的内部组织机构；

（6）有公司住所。

（三）股份有限公司的组织机构

股份有限公司的组织机构包括股东大会、董事会和监事会。

（1）股东大会。股份有限公司的股东大会是公司的权力机构，由股东组成，依法行使职权。股东大会应当每年召开一次年会。有下列情形之一的，应当在两个月内召开临时股东大会：①董事人数不足本法规定人数或者公司章程所定人数的2/3时；②公司未弥补的亏损达实收股本总额1/3时；③单独或者合计持有公司10%以上股份的股东请求时；④董事会认为必要时；⑤监事会提议召开时；⑥公司章程规定的其他情形；

根据《公司法》规定，股东大会会议由董事会召集，董事长主持，股东大会主要行使如决定公司的经营方针和投资计划；选举和更换董事，决定有关董事的报酬；选举和更换由股东代表出任的监事，决定有关监事的报酬；审议批准董事会的报告；审议批准监事会的报告；审议批准公司的年度财务预决算方案；审议批准公司的利润分配方案和弥补亏损方案等职权。股东大会作出决议，必须经出席会议的股东所持表决权过半数通过。但是，股东大会作出修改公司章程、增加或者减少注册资本的决议，以及公司合并、分立、解散或者变更公司形式的决议，必须经出席会议的股东所持表决权的2/3以上通过。

（2）董事会。股份有限公司的董事会是公司必须设立的执行和经营决策的机构，它对股东大会负责，依法实行对公司的经营管理，股份有限公司董事会成员为5~19人。有限责任公司董事任期的规定以及董事会职权的规定，适用于股份有限公司董事；

（3）监事会。监事会是股份有限公司必须设立的内部监督机构，行使对经营管理者的监督权。股份有限公司监事会成员不得少于3人，由股东代表和适当比例的公司职工代表组成，具体比例由公司章程规定。董事、经理及财务负责人不得兼任监事。监事的任期每届为3年，任期届满，连选可以连任。监事会主要行使如检查公司的财务；对董事、经理执行公司职务时违反法律、法规或公司章程的行为进行监督；当董事和经理的行为损害公司的利益时，要求董事和经理予以纠正等职权。

（四）股份发行和转让

股份有限公司的资本划分为股份，每股的金额相等。公司的股份采取股票的形式。股票是公司签发的证明股东所持股份的凭证。股份的发行，实行公开、公平、公正的原则，必须同股同权，同股同利。股票发行价格可以按票面金额，也可以超过票面金额，但不得低于票面金额。

股份有限公司登记成立后，即向股东正式交付股票。股东持有的股份可以依法转让。股东转让其股份，必须在依法设立的证券交易所进行，同时股份转让受一定限制，如发起人持有的本公司股份，自公司成立之日起1年内不得转让，公司董事、监事、高级管理人员应当向公司申报所持有的本公司的股份及其变动情况，在任职期间每年转让的股份不得超过其所持有本公司股份总数的25%；所持本公司股份自公司股票上市交易之日起1年内不得转让。上述人员离职后半年内，不得转让其所持有的本公司股份。公司章程可以对公司董事、监事、高级管理人员转让其所持有的本公司股份作出其他限制性规定。

（五）上市公司

上市公司是指其股票在证券交易所上市交易的股份有限公司。根据《证券法》规定，股份有限公司申请股票上市，应当符合下列条件：①股票经国务院证券监督管理机构核准已公开发行。②公司股本总额不少于人民币3000万元。③公开发行的股份达到公司股份总数的25%以上；公司股本总额超过人民币4亿元的，公开发行股份的比例为10%以上。④公司最近3年无重大违法行为，财务会计报告无虚假记载。

四、公司债券、财务与会计

（一）公司债券

公司债券是指公司依照法定程序发行的，约定在一定期限还本付息的有价证券。

发行公司债券，必须符合下列条件：①股份有限公司的净资产不低于人民币3000万元，有限责任公司的净资产不低于人民币6000万元；②累计债券余额不超过公司净资产的40%；③最近3年平均可分配利润足以支付公司债券1年的利息；④筹集的资金投向符合国家产业政策；⑤债券的利率不超过国务院限定的利率水平；⑥国务院规定的其他条件。

公开发行公司债券筹集的资金，必须用于核准的用途，不得用于弥补亏损和非生产性支出。

（二）公司财务与会计报告

公司财务、会计报告是指由公司的业务执行部门按照法律规定，于前一会计年度终了时制作的具有一定内容的反映公司财务状况和经营成果的书面文件。

根据《公司法》的规定，公司财务、会计报告应包含下列内容：资产负债表；损益表；财产状况变动表；财务情况说明书；利润分配表。

五、公司合并、分立、解散与清算

（一）公司合并

公司合并是指两个或两个以上的公司通过订立合并协议，依照法律规定，合并为一个公司的法律行为。

根据《公司法》的规定，公司合并分为吸收合并和新设合并两种形式。吸收合并是指两个以上的公司合并时，其中一个或一个以上的公司并入另一个公司的法律行为。新设合并是指两个或两个以上的公司合并设立一个新的公司，合并各方随之解散的法律行为。

公司合并时，合并各方的债权、债务应当由合并后存续的公司或者新设的公司承继；登记事项发生变更，应到登记机关办理变更登记手续。

（二）公司分立

公司分立是指一个公司依法分成两个或两个以上公司的法律行为。按照《公司法》规定，公司分立可分为新设分立和派生分立两种形式。新设分立是指将原来一个具有法人资格的公司分割成两个或两个以上具有法人资格的公司的法律行为。派生分立是指将原来一个公司的一部分分出去成立一个新的公司的法律行为。

公司分立，其财产作相应的分割；登记事项发生变更，应到登记机关办理变更登记手续。

（三）公司解散与清算

公司解散是指已经成立的公司，因章程规定或法定事由而停止公司经营活动，并开始清算公司未了结的事务或者使公司法人资格消灭的法律行为。

公司清算是指公司出现法定解散事由或者公司章程所规定的解散事由后，公司宣告解散，依法清理公司债权债务的行为。

有下列情形之一的，公司可以解散：①公司章程规定的营业期限届满或者公司章程规定的其他解散事由出现；②股东会或者股东大会决议解散；③因公司合并或者分立需要解散；④依法被吊销营业执照、责令关闭或者被撤销；⑤人民法院依照《公司法》第183条的规定予以解散。

清算组在清理公司财产、编制资产负债表和财产清单后，发现公司财产不足清偿债务的，应当依法向人民法院申请宣告破产。

任务三 破产法

一、破产的概念和特征

（一）破产的概念

破产作为法律上的用语，可以从实体和程序两个方面来理解。从实体的角度来理解，破产是指债务人无力清偿债务的一种事实状态；从程序的角度来理解，破产是指在债务人不能清偿到期债务时，由法院宣告其破产并主持对其全部财产进行清算分配，公平清偿全体债权人，或者在法院监督下由债务人与债权人会议达成和解协议以清偿债务避免破产清算，或者通过企业重整以清偿债务避免企业破产的法律程序，包括以企业再建为目标的重整程序、和解程序和以变价分配为目标的清算程序。

（二）破产的特征

破产作为一种经济现象，是商品经济条件下市场竞争的必然产物；而作为一种法律制度，则是在体现对债务人进行有效救济的同时，为公平保护债权人的利益而设定的一种司法上的特殊偿债程序。破产具有以下法律特征：

1.破产是一种特殊的执行程序

破产程序是为全体债权人的利益而对债务人的全部财产依法强制执行的程序。

普通民事执行程序则是为个别债权人的利益而对债务人的部分财产依法强制执行的程序。另外，作为一种执行程序，破产程序与普通执行程序一样，不具有解决当事人之间实体民事争议的功能。破产程序中没有设置解决当事人之间实体争议的相应程序，对债权人与债务人或者其他利害关系人之间的实体民事争议，各国破产立法均规定在破产程序之外通过诉讼程序来解决。只有那些无争议的或者已经法院或仲裁机构生效裁判确定的债权债务关系，才能在破产程序中得到执行。

2.破产是在特定情况下适用的一种执行程序

适用破产程序清偿债务必须具有法定的事实依据，即债务人无力清偿债务从而严重影响债权人的利益和整个社会的经济秩序与经济安全。破产正是通过及时消灭债务人的民事主体资格，以遏制其财产的进一步耗损，抑制其经营失败对社会经济秩序的冲击，疏通因债务人拖欠债务所引起的经济运行障碍。因此，在不具备法定事实依据的前提下，不能适用破产程序。

3.破产是在法院主持下对债务人全部债权债务关系的彻底清算

通过破产程序对债务人的全部财产进行清算，必然使其丧失继续经营的财产基础和民事主体资格，并因终止经营从而导致对其全部债权债务关系的彻底清算。破产清算是破产管理人在法院主持下依法进行的，不能由当事人自行清算。

4.破产既强调对债权人的公平清偿，也注重对债务人的公平保护

在债务人破产的情况下，债务人的破产财产通常不能满足全体债权人的清偿要求，因而必须通过破产程序公平地清偿债务，使各债权人得到的清偿同其债权的性质和债权的数额相适应。因此，破产制度是对民事债权救济制度的延伸和完善，一般民事债权救济制度体现的是对个别债权人的法律保护，而破产法则是对全体债权人的一种公平救济。同时，破产程序对债务人的正当利益同样给予公平的保护。现代破产法赋予了债务人作为破产申请人主动启动破产程序的资格，并在破产程序中通过设置和解制度、重整制度、免责制度等特别保护制度，达到拯救债务人避免破产以及免除诚实债务人未能清偿的剩余债务的公平保护的目的。

二、破产法的概念及其立法

破产法是调整破产关系的法律规范的总称。所谓破产关系，是指对债务人适用破产

程序中其与债权人、管理人以及其他相关主体之间发生的特定社会关系。破产法的根本任务在于公平救济债权人和淘汰或拯救债务人，其在内容上既包括破产程序规范，也包括破产实体规范。破产程序规范主要规定破产案件管辖、破产申请与受理破产管理人、债权人会议、和解程序、重整程序、破产清算程序等；破产实体规范主要规定破产原因、债务人财产，破产费用和共益债务、破产债权、破产无效行为、破产取回权、破产抵消权、破产别除权、破产免责、破产罚则等。

我国关于企业破产的立法始于改革开放初期。1986 年 12 月 2 日，第六届全国人大常委会第 18 次会议通过了《中华人民共和国企业破产法（试行）》，其适用范围仅限于全民所有制企业；1991 年 4 月 9 日，第七届人大第四次会议通过的《中华人民共和国民事诉讼法》，又专设第 19 章“企业法人破产还债程序”，适用于全民所有制企业以外的具有法人资格的其他企业的破产案件。随着市场经济体制的确立与发展，特别是企业制度的不断改革与完善，需要对企业破产法体系实行整合、实现统一，为此，2006 年 8 月 27 日，第十届人大常委会第 23 次会议通过了《中华人民共和国企业破产法》，该法自 2007 年 6 月 1 日起施行。

三、破产法的基本原则

（一）债权人公平受偿原则

破产法最基本的原则在于公平地对待所有债权人，平等地分配债务人的财产。在众多的债权人之间公平分配有限的破产财产正是破产法创设的最初目的，也是破产法与一般的民事强制执行程序的最大区别。通过民事强制执行程序也能实现债权人的债权，但它有一个最大的缺失，就是当债务人的财产不足清偿所有债权人时，面对众多债权人，无法将有限的财产进行公平地清偿。如果只是使部分债权人甚至是个别债权人受偿，就会造成债权人内部的分配不公。因此，债权人公平受偿原则是保障所有债权人公平实现债权的基本准则，是破产法的最基本原则。破产债权人公平受偿原则主要有两层含义：一是保障各债权人都有公平受偿的机会；二是性质相同的债权在受偿权利方面一律平等，按照债权数额的比例进行清偿。

（二）破产与拯救相结合原则

破产与拯救相结合原则是指在破产程序中，一方面，对于无力清偿债务并且挽救无望的企业，应当通过破产宣告及时进行破产清算，最大限度地保护债权人、债务人与企业职工的合法权益；另一方面，对于无力清偿债务但有挽救希望的企业，应当通过和解、重整程序使其焕发生机，实现债务人的复兴，避免因破产清算给当事人及整个社会造成动荡。破产与拯救相结合原则是破产法现代化的一个重要标志。传统的破产法仅着眼于对债务人财产的清理与分配，即破产清算，忽视了破产的巨大破坏力给社会整体利益带来的不良影响。现代破产法在完善破产清算制度的同时，更加强调和解与重整等债务人拯救制度。在破产程序中对债务人的积极拯救制度既符合债务人的根本利益，也符合债权人的团体利益，更符合社会整体利益的要求。

（三）破产域外效力原则

破产域外效力是一个存在争议的问题。长期以来，各国的立法与实践可以归纳为两种主张：一是地域性原则；二是普遍性原则。地域性原则主张域内破产程序不对债务人位于域外的财产直接发生效力，域外的破产程序也不对债务人位于域内的财产直接发生效力。地域性原则的优点在于保护本国债权人的利益，使他们免受外国破产程序的风险和额外费用的增加，并有利于保护他们的优先权的实现。普遍性原则既承认域内破产程序的域外效力，也承认域外破产程序的域内效力，从而避免破产程序在各国的重复提起，使债权人的财产分配额比在每个财产所在国分别提起破产程序所得到的分配额要多，这样更有利于对所有债权人利益的充分保护。与普遍性原则相比，在跨国破产合作普遍受到重视的今天，地域性原则遭到了更多批评。从实际执行来看，地域性原则否定了对所有债权人进行公平分配的破产法原则，导致债权人之间的不公平以及对破产财产管理的混乱。同时，地域性原则所导致的多重破产程序还加剧了国际破产合作的难度，减少了债务人可供分配的财产。因此，考虑到目前跨国破产问题的国际实践以及我国的现实情况，我国破产法采取了有限度的普遍性原则，即本国破产程序的域外效力和外国破产程序的有条件的域内效力。具体来说：依照《企业破产法》开始的破产程序，对债务人在中华人民共和国领域外的财产发生效力；对外国法院作出的发生法律效力的破产案件的判决、裁定，涉及债务人在中华人民共和国领域内的财产，申请或者请求人民法院承认和执行的，人民法院依照中华人民共和国缔结或者参加的国际条约，或者按照互惠原则进行审查，认为不违反中华人民共和国法律的基本原则，不损害国家主权、安全和社会公共利益，不损害中华人民共和国领域内债权人的合法权益的，裁定承认和执行。

（四）破产豁免原则

破产豁免原则又称破产免责原则，是指在破产财产全部分配完毕之后，免除债务人对债权人未予清偿的债务责任。这项原则起源于英国法，现在已经由英美法国家扩及大陆法国家。破产免责原则又可分为许可免责和当然免责。许可免责是指当破产人符合破产法规定的免责条件时，可以向法院申请免责，未经法院许可，不产生免责的法律效果。当然免责是指破产人在破产程序终结时，除非犯有欺诈破产罪，否则，无须申请并经法院许可，即当然享有免责利益。破产免责原则着眼于破产人的更生与社会经济秩序的稳定，但不能否认它在一定程度上可能成为不诚实破产人逃避债务的手段，因此，在推行破产免责的国家，一般都设有比较完善的防止利用破产免责原则损害债权人利益的救济制度，如债权人会议的异议制度破产法上的撤销权制度、对破产企业经营管理人的制裁与资格限制制度等，没有这些配套制度，破产免责原则就无法推行。

（五）职工权益保障与破产责任追究原则

人民法院审理破产案件，应当依法保障企业职工的合法权益，依法追究破产企业经营管理人员的法律责任。这是一项重要的破产立法原则，并贯穿企业破产法始终。

企业破产法对保障职工合法权益的问题规定了一系列具体措施：①规定债务人所欠职工的工资和医疗、伤残补助、抚恤费用，所欠的应当划入职工个人账户的基本养老保险、基本医疗保险费用以及法律、行政法规规定应当支付给职工的补偿金，不用进行债权申报，直接按规定行使权利；②规定职工参加债权人会议和债权人委员会；③将职工作为讨论通过重整计划草案的专门债权人组；④将债务人所欠职工的工资和医疗、伤残补助、抚恤费用，所欠的应当划入职工个人账户的基本养老保险、基本医疗保险费用以及法律、行政法规规定应当支付给职工的补偿金作为第一清偿顺序等。

企业破产法在追究破产企业经营管理人员的法律责任中明确规定：①债务人的董事、监事和高级管理人员利用职权从企业获取的非正常划入和侵占的企业财产，管理人应当追回；②企业董事、监事或者高级管理人员违反忠实义务、勤勉义务，致使所在企业破产的，依法承担民事责任，并且自破产程序终结之日起3年内不得担任任何企业的董事、监事、高级管理人员。

任务四 票据法

一、票据的概念与种类

票据一词有广义与狭义之分。广义的票据是指各种具有财产价值、体现特定民事权利的凭证，包括存单、提单、仓单保单、股票、债券、汇票、本票、支票以至车票、船票、机票、入场券等。狭义的票据则是指由出票人依票据法签发的，约定自己或者委托他人于一定日期无条件支付一定金额给收款人的有价证券。票据法上的票据限于狭义，包括汇票、本票和支票。

汇票是出票人签发的，委托付款人在见票时或者在指定日期无条件支付确定的金额给收款人或者出票人的票据。汇票依出票人的不同分为银行汇票和商业汇票：

银行汇票是出票银行签发的，由其在见票时按照实际结算金额无条件支付给收款人或者持票人的票据；商业汇票是交易当事人一方签发的，委托付款人在指定日期无条件支付确定的金额给收款人或者持票人的票据。商业汇票依承兑人的不同，又分为商业承兑汇票和银行承兑汇票：银行承兑汇票由在承兑银行开立存款账户的存款人签发、由银行承兑；商业承兑汇票由银行以外的付款人承兑，可以由付款人签发并承兑，也可以由收款人签发交由付款人承兑。

本票是出票人签发的，承诺自己在见票时无条件支付确定的金额给收款人或者持票人的票据。

支票是出票人签发的，委托办理支票存款业务的银行或者其他金融机构在见票时无条件支付确定的金额给收款人或者持票人的票据。

二、票据的属性与法律特征

票据属于有价证券，且属于有价证券中的货币证券。货币证券不是指货币本身，而是指设定并证明对货币拥有索取权的有价证券。票据所设定的是特定当事人之间的债权债务关系，票据本身则是票据上的收款人或者持票人的债权凭证。票据具有以下主要法律特征：

（一）设权性

票据上的权利完全由票据行为所创设；无票据的签发即无票据权利的产生。换言之，票据的签发不是为了证明已经存在的权利，而是为了创设一定的权利；而且，票据设权为单方法律行为，只要出票人依法签发了票据，票据权利即生效。

（二）要式性

票据的格式和记载事项必须严格遵守法律规定，才能产生票据的效力；不具有法定要式的票据，归于无效。这是为了票据设权的明确和统一，以避免票据文义的混乱和欠缺。

（三）流通性

票据最大的作用和特点是可以像货币一样流通。票据作为金钱权利之财产，可以以背书及其他法定方式转让，而且无转让原因及次数的限制。流通性是票据的生命力所在，因而是票据最主要、最核心的法律特征。

（四）无因性

票据权利的行使只以持有有效票据为要件，持票人无须向义务人证明其取得该票据的原因。换言之，票据本身是票据权利人向票据义务人行使其权利的唯一依据，而无须佐以他证。这是为了保证票据顺利流通，避免人为障碍。

（五）文义性

票据当事人行使票据权利、履行票据义务均必须以票据上记载的文字意义为准，不能以票据上未记载的事由变更票据的效力。这是为保证票据流通信用和交易安全，以保护流通过程中善意持票人的权利。

三、票据法的概念及立法

票据法就是调整票据关系的法律规范的总称。票据法以票据关系为调整对象。

票据关系是主体之间因授受票据而发生的财产关系。

随着商品经济的发展，票据制度已成为世界各国乃至国际间经济往来的一项基本制度，商业信用的票据化和结算手段的票据化已成为市场经济高度发展的重要标志之一。我国确立社会主义市场经济体制后，商业活动中票据的使用越来越广泛，为建立票据制度，规范票据行为，保障交易安全迅捷，第八届全国人大常委会第 13 次会议于 1995 年 5 月

10日通过了《中华人民共和国票据法》（以下简称《票据法》），并于2004年做了修改。

四、票据法律关系

票据法律关系是主体之间依照票据法律规范所形成的权利和义务关系，包括基本票据法律关系和非基本票据法律关系，简称票据关系和非票据关系。

（一）票据关系

票据关系是指基于票据行为而产生的票据当事人之间的票据上的债权债务关系。其基本特征为：直接由票据行为引起，而与非票据行为无关；仅在票据上记载并签章的当事人之间发生，不涉及相关的其他当事人；内容仅限于票据法上的票据权利和票据义务，而不包括由票据行为引起，由其他法律规范的权利义务关系。

1. 票据关系的当事人

票据当事人是指在票据上签章，依法享有票据权利和负有票据义务的人。

票据当事人依其形成顺序及其必要程度，可分为基本当事人和非基本当事人：

①基本当事人。是形成票据关系的必要的原始主体，一般为最初（出票时）记载在票据上的当事人。汇票和支票的基本当事人为出票人、付款人和收款人；本票的基本当事人为出票人和收款人。②非基本当事人。是票据出票后，通过实施出票以外的其他票据行为而加入票据关系的当事人，包括承兑人（即承诺付款人，由付款人转化而成）、背书人（即以背书方式转让票据权利的人，由收款人被背书人以及其他票据持有人转化而成）、保证人被背书人（以背书方式受让票据权利的人）以及其他持票人（如因继承受赠等而持有票据的人）等。

票据当事人依其在票据法律关系中的地位，又可分为票据债权人和票据债务人。

①票据债权人为拥有票据权利的人，包括票据上的收款人，最后一手被背书人以及其他合法取得（如受赠、继承等）票据的人。②票据债务人是负有票据上的付款义务的人，包括出票人、付款人、承兑人、背书人保证人等。在票据债务人中，依法在先承担付款义务的为主债务人（又称第一债务人），包括不须承兑票据的付款人和须承兑票据的承兑后的承兑人、承兑前的出票人；依法在后承担付款义务的为从债务人（又称第二债务人），包括不须承兑和已获承兑票据的出票人、背书人、保证人等。

2. 票据关系的主要内容

票据关系基于票据行为而在票据当事人之间形成，所以，不同种类的票据行为会发生不同当事人之间的不同权利义务关系，大体包括：

（1）出票关系。票据的出票关系基于出票行为而产生，包括出票人对收款人的票据交付关系及担保承兑、付款关系；出票人对付款人（承兑人）的指定、委托关系等。

（2）转让关系。票据的转让关系基于背书行为而产生，包括背书人对被背书人的票据交付关系及对其所有后手背书人、被背书人的担保承兑和担保付款关系；被背书人向承兑人、付款人提示承兑、提示付款的关系。

（3）承兑关系。票据的承兑关系基于承兑行为而产生，是汇票特有的法律关系，包括承兑人（付款人）对承兑申请人、持票人的承诺付款或拒绝承兑关系以及被拒绝承兑的票据持有人对出票人和所有从债务人的追索关系。

（4）付款关系。票据的付款关系基于付款行为而产生，包括付款人对提示付款人支付票据金额或者拒绝付款的关系以及被拒绝付款的票据持有人对所有从债务人的追索关系。

（5）保证关系。票据的保证关系基于票据债务人的保证人的保证行为而产生，包括保证人代替被保证人向债权人履行付款义务的关系以及事后向被保证人追偿的关系。

（二）非票据关系

非票据关系是指非属票据关系，但与票据关系相关的法律关系，分为票据法上的非票据关系和非票据法上的非票据关系。

1. 票据法上的非票据关系

票据法上的非票据关系是指基于票据法规定所形成的，与票据行为有联系的非票据行为所产生的法律关系，包括：①票据返还关系，即在票据为非法取得的情况下，票据的正当权利人要求非法取得票据的持票人返还票据的关系。②利益返还关系，即票据债权人由于一定原因而不能实现票据权利时，要求出票人或承兑人返还其应得利益的关系。我国《票据法》第 18 条规定：“持票人因超过票据权利时效或者因票据记载事项欠缺而丧失票据权利的，仍享有民事权利，可以请求出票人或者承兑人返还其与未支付的金额相当的利益。

2. 非票据法上的非票据关系

非票据法上的非票据关系是指票据当事人授受票据的原因或者前提关系，通常称作票据的基础关系。由于票据的基础关系不依据票据法形成，而往往属于民法上的法律关系，故又称为民法上的非票据关系。

票据的基础关系先于票据关系而形成，没有票据基础关系就不会发生票据关系。

我国《票据法》第 10 条第 1 款规定：“票据的签发、取得和转让，应当遵循诚实信用的原则，具有真实的交易关系和债权债务关系。”所谓交易关系和债权债务关系，是指票据的基础关系。但是，票据关系一经形成，即与其基础关系相分离，基础关系的有效与无效变更与消灭，均不对已形成的票据关系产生影响。票据关系与票据基础关系相分离，是我国票据法的一项基本原则，是强化票据信用、使其顺利流通、保护善意持票人利益的必要条件和根本保障。

票据的基础关系主要包括：①票据原因关系。票据当事人之间签发、取得、转让票据，必有一定原因，如对商品交易中的货款给付、劳务报酬的给付、货币借贷、债务清偿、无偿赠与等，以授受票据的原因而发生的法律关系，即为票据的原因关系。②票据预约关系。票据预约是指在票据签发之前就所采用票据的种类、金额、到期日、付款地等票据事项所达成的协议；因票据预约而发生的法律关系，即为票据预约关系。③票据资金关系。指票据的付款人履行承兑、付款义务与出票人及其他资金义务人之间的资金往来关系，即付款人为票据承兑、付款的原因关系，如存款关系、垫付关系、资金补偿关系等。

任务五 保险法

一、保险的概念和特征

（一）保险的概念

保险的概念应从两个方面理解：第一，从经济学的角度理解，保险是指面临同类危险的众多的社会单位或个人，集中一定的资产建立保险基金，分散危险、消化损失的经济补偿制度；第二，从法学的角度理解，保险是根据法律规定或当事人双方约定，一方（投保人）向另一方（保险人）支付保险费，另一方对于约定的保险事故发生造成的承保财产损失或被保险人生、老、病死残等承担保险责任的一种法律行为。

依我国《保险法》规定，保险是指投保人根据合同约定，向保险人支付保险费，保险人对于合同约定的可能发生的事故因其发生所造成的财产损失承担赔偿保险金责任，或者当被保险人死亡、伤残、疾病或者达到合同约定的年龄、期限时承担给付保险金责任的商业保险行为。

（二）保险的特征

保险具有以下主要特征：

1. 自愿性

除法律、行政法规规定必须保险的情况外，保险作为一种商业行为，通过投保人与保险人之间订立保险合同而发生，是完全自愿的行为，保险公司和其他人不得强制他人订立保险合同。

2. 互助性

保险属于互助合作行为，通过多数人投保，用共同筹集的资金建立保险基金，以补偿少数人的损失，少数投保人获得的保险赔付是以多数人缴纳保险费为基础的，由此在投保人之间形成互助共济关系。

3. 有偿性

保险是一种商业行为，保险公司的行为是营利性的行为，投保人必须向保险人支付保险费，保险人才能给付保险金，所以，保险具有有偿性。

4. 损益性

一方面，投保人可能仅履行了缴纳保险费的义务而不能收回保险费；另一方面，投保人也可能以较少的保险费支出换取较大的保险金赔付，即所谓损益性。

二、保险的构成要件

保险的构成要件是指保险得以成立的基本条件。保险必须具备以下要件：

（一）保险必须以特定的危险为对象

无危险则无保险，但并非任何危险都可构成保险危险，保险制度中所指危险必须是：①保险危险是否发生不能确定。危险肯定发生，则无人能够承保；危险肯定不会发生，就无须保险。只有当危险发生与否尚未确定，保险才成立。②保险危险发生的时间不能确定。某些危险的发生可以确定，但何时发生，则不能确定。如人的生、老、病、死。③保险危险所导致的后果不能确定。危险发生时，将造成多大损失的后果，是任何人都无法预知的。

（二）保险必须以众人协力为基础

保险是建立在“我为人人，人人为我”这一互助基础之 上的。保险的经营方式是通过集合多数人的资金，建立保险基金，用以补偿少数人的损失。保险人在保险合同下所承担的危险，是通过保险制度而分散给可能遭遇危险的社会大众的。由于保险是转移危险、分摊危险的制度，参加的成员越多，则损失越分散，每个成员的负担就越轻，因此，众人协力是保险制度建立的基础。

（三）保险必须以对危险事故所致损失进行补偿为目的

“无损失，无保险。”保险并非保证危险不发生，而是对危险造成的损失给予经济补偿。保险补偿不是恢复已被毁损、灭失的原物，也不是赔偿实物，通常是通过支付货币的方式来实现的。因此，危险事故所导致的损失，必须是在经济上能够计算价值的；否则，保险的赔偿将无法实现。

三、保险法的概念及基本原则

（一）保险法的概念及体系

保险法是调整保险关系的法律规范的总称。保险关系是指当事人之间依保险合同发生的权利义务关系和国家对保险业进行监督管理过程中所发生的各种关系。

从世界范围来看，各国都以保险合同法和保险业法为两大“支撑点”来构筑保险法的结构和体系。其中，保险合同法调整的是横向的保险关系，即平等主体间的保险契约关系；保险业法调整的是纵向的保险关系，即国家对保险企业、保险市场的监督管理关系。但就立法体例而言，有的采用分立体例，即保险合同法和保险业法通过两部不同的法律来加以规范和调整；有的则采用合一体例，即将保险合同和保险业的监督管理统一规定在一部法律之中，命名为“保险法”。我国于 1995 年 6 月 30 日第八届全国人大常委会第 14 次会议通过了《中华人民共和国保险法》（以下简称《保险法》），并分别于 2002 年、2009 年、2014 年、2015 年做了修改。我国现行的保险立法采用的是集保险合同法、保险业法为一体的合一立法体例。

（二）保险法的基本原则

保险法的基本原则是指贯穿在保险法中的基本精神和指导思想。我国《保险法》的基本原则主要包括以下四项：

1. 最大诚实信用原则

由于保险活动具有不确定的保险风险和赔付风险，因此，要求投保人和保险人讲求诚实信用极为重要。所谓诚实，就是一方当事人对另一方 当事人不得隐瞒、欺骗；所谓信用，就是任何一方当事人都得善意地、全面地履行自己的义务。保险活动不仅需要遵循一般的诚实与信用的原则，而且要遵循最大的诚实与信用的原则。

对投保人而言，要遵循最大诚实信用的原则，是因为：第一，保险事故的发生存在偶然性，保险人的赔付无疑地为偶然事件所左右。第二，保险人在承保各种保险业务时，对保险标的危险状况是一无所知的。保险人也不可能花巨大费用对每一保险标的的危险状况进行实地调查，保险人仅根据投保人或被保险人对标的危险状态的陈述、说明，决定他是否承保以及以什么条件承保。第三，保险标的在投保后大多数情况下仍在被保险人所控制下，这就要求被保险人应如同未保险时一样尽到谨慎管理的责任，否则，将增加危险发生的可能性。对投保人而言，最大诚信原则主要表现为两项义务：一是在订立保险合同时的如实告知义务，即应当将有关保险标的的重要情况如实地向保险人作出陈述；二是履行保险合同时的信守保险义务，即严守允诺，完成保险合同中约定的作为或不作为的义务。

对保险人而言，最大诚实信用的原则也同样适用。这是因为：第一，大多数保险合同是格式合同，投保人对保险合同的条款内容保险合同中有关保险人责任免除条款的规定，无太多讨价还价的余地，加之专业性较强，投保人对保险合同的条款理解困难多，因此，保险人在订立保险合同时应当向投保人明确说明，对有关保险人责任免除条款的规定，未做明确说明的，保险人则是对最大诚实信用原则的违反，该条款不产生效力。第二，在保险活动中，投保人之所以投保是因为相信投保后，风险可转移给保险人承受。如果投保人交纳保险费，一旦发生保险事故，保险人没有足够的偿付能力，这对被保险人来说无疑是一种欺诈。因此，保险人表现出的最大诚信是必须具有可靠的偿付能力。对保险人而言，最大诚信原则也表现为两项义务：一是在订立保险合同时将保险条款告知投保人的义务，特别是保险人的免责条款；二是当保险责任范围的事故发生时，要及时、全面地履行赔偿或者给付保险金的义务。

2.保险利益原则

保险利益又称可保利益，是指投保人或者被保险人对保险标的具有的法律上承认的利益。

人身保险的保险利益是指投保人对于被保险人将因保险事故的发生而遭受损失，因保险事故的不发生而维持原有的利益。对于人身保险利益的具体认定，我国《保险法》第31条规定：“投保人对下列人员具有保险利益：①本人；②配偶、子女、父母；③前项以外与投保人有抚养、赡养或扶养关系的家庭其他成员、近亲属；④与投保人有劳动关系的劳动者。除前款规定外，被保险人同意投保人为其订立合同的，视为投保人对被保险人具有保险利益。订立合同时，投保人对被保险人不具有保险利益的，合同无效。”

财产保险的保险利益是指投保人对保险标的所具有的某种合法的经济利益，包括现有利益、基于现有利益而产生的期待利益和基于某一法律上的权利而产生的期待利益三种。

无论财产保险还是人身保险，对于投保人或者被保险人来说，有无保险利益是至关重要的问题。我国《保险法》第 12 条明确规定：“人身保险的投保人在保险合同订立时，对被保险人应当具有保险利益。财产保险的被保险人在保险事故发生时，对保险标的应当具有保险利益。人身保险是以人的寿命和身体为保险标的的保险。财产保险是以财产及其有关利益为保险标的的保险。被保险人是指其财产或者人身受保险合同保障，享有保险金请求权的人。投保人可以为被保险人。”

3. 损失补偿原则

损失补偿是指当保险事故发生使投保人或被保险人遭受损失时，保险人必须在责任范围内对投保人或被保险人所受的实际损失进行补偿。该原则是由保险的经济补偿的性质和职能决定的。损失补偿的目的在于保护投保人或被保险人合法权益，弥补受害人的损失。因此，在财产保险中，损失补偿只限于财产的实际价值，最高赔偿金额不超过保险金额。在人身保险中，保险人的赔偿受保险金额的限制。

损失补偿原则主要包括两个层次的含义：①投保人或被保险人只有受到约定的保险事故所造成的损失，才能得到补偿。②保险补偿以被保险人的实际损失为限。

保险人对被保险人的赔偿恰好使保险标的恢复到保险事故发生之前的状况，投保人或被保险人不能获得多于或少于损失的补偿。坚持损失补偿原则的意义在于防止被保险人从保险中得到额外的利益，不合理地扩大保险人的责任，减少道德危险。

保险损失补偿的范围主要包括以下几项：①保险事故发生时，保险标的的实际损失。在财产保险中，最高赔偿额以保险标的保险金额为限；在人身保险中，则以约定保险金额为最高限额。②合理费用。主要包括施救费用和诉讼支出。③其他费用。主要是指为确定保险责任范围内的损失对受损标的检验、估价、出售等费用。应注意的是，保险标的本身的损失与费用支出应分别计算，费用支出最高赔偿额也以不超过保险金额为限。

4. 近因原则

危险事故的发生与损失结果必须有直接的因果关系（即近因），保险人才对损失负补偿责任。一般来说，所谓近因，并非指时间上最接近损失的原因，而是指直接促成结果的原因，效果上有支配力或有效的原因。英美法称为近因原则，我国法律上称为因果关系。

近因原则在理论上有各种不同的解释，但在各国的司法实践中却总结了一些有效的规则。

（1）单一原因造成的损失。这种情况造成保险标的损失的原因比较简单。如果该原因属于保险事故，即为近因，保险人就应该承担赔偿责任；反之，保险人就不负赔偿责任。

（2）多种原因造成的损失，则又分为：①多种原因同时发生。如同时发生的原因都是保险事故，保险人应赔偿所有原因造成的损失；反之，则不赔。如多种原因既有保险危险，又有不保危险，保险人只赔偿保险事故所造成的损失，对非保险事故造成的损失不赔。②多种原因连续发生。两个以上的危险事故连续发生所造成的损失，一般以最近的、有效的（后因）为近因。连续发生的原因都属于保险危险的，保险人应承担赔偿责任，不保危险先发生，保险危险后发生，保险危险属于不保危险的结果，保险人不承担赔偿责任；保险危险先发生，不保危险后发生，不保危险仅为因果关系中的一环，则保险人仍应负赔偿责任。③多种原因间断发生。若新的独立原因（近因）为保险危险，即使发生在不保危险之后，由保险危险所造成的损失仍须由保险人赔偿。若新的独立原因（近因）为不保危险，即使发生在保险危险之后，由不保危险造成的损失，保险人不负赔偿责任。但对以前保险危险造成的损失，保险人仍应赔偿。

项目5 经济法

任务一 经济法概述

一、经济法的概念

我国国家立法机关在解释关于民法与经济法、行政法的关系时指出："民法主要调整平等主体间的财产关系[2017年新颁布实施的《中华人民共和国民法总则》(以下简称《民法总则》将其修改为：民法调整平等主体的自然人、法人和非法人组织之间的人身关系和财产关系]，即横向的财产、经济关系。政府对经济的管理，国家和企业之间以及企业内部等纵向经济关系或者行政管理关系，不是平等主体之间的经济关系，主要由有关经济法、行政法调整。"

因此一般认为，经济法是调整国家在协调经济运行过程中发生的经济关系的法律规范的总称。

现代经济法的产生，是在商品经济发展到市场经济的情况下，由于生产社会化和垄断的出现，传统的民法调整失灵，产生了市场监管和宏观调控需要。国家为保证国民经济的持续稳定健康发展，依其职能对不利于市场经济健康发展的行为进行干预和调控。国家干预的方式主要通过法律手段对市场经济活动进行管理和协调，包括对市场运行的规划、引导、监督、控制、组织、调节等。

随着市场经济的发展，需要由法律调控的方面也在不断增加，经济法在经济生活中的地位和作用日趋重要，经济法作为独立的法律部门成为必然，并随着市场经济的发展而不断加强和完善。

二、经济法的调整对象

经济法的调整对象是特定的经济关系，即在国家协调本国经济运行过程中发生的经济关系，简称国家经济协调关系。主要包括以下几种经济关系：

（一）企业组织管理关系

企业组织管理关系是在以企业为主体的各类经济组织的设立、变更、终止过程中发生的经济管理关系及其内部管理过程中发生的经济关系。在市场主体体系中，企业是最主要的主体。国家为了协调本国经济运行而对企业进行必要干预，有助于从法律上保证企业成为自主经营、自负盈亏的合格主体，能动地参与市场活动，改善经营管理，提高经济效益。

（二）市场运行管理关系

市场运行管理关系是国家在市场运行管理过程中发生的经济关系。发展市场经济，必须充分发挥竞争机制的作用。市场竞争又会致使市场主体之间不可避免地产生违约、侵权和不正当竞争行为，从而妨碍市场资源配置的优化，约束市场功能的实现。因此，需要国家积极干预，加强市场管理，坚守市场规则，维护正常的市场经济秩序。

（三）宏观监督调控关系

宏观监督调控关系是国家在宏观监督调控过程中发生的经济关系。市场的自发调节有其局限性，需要国家对国民经济进行适度调节和控制，保证经济总体总量的平衡，构建合理的经济结构，促进资源配置优化，从而推动国民经济的健康发展。

三、经济法的基本原则

经济法的基本原则与经济法的调整对象有着密切的联系，根据上述经济法的调整对象，我们可以把经济法的基本原则概括为以下两项：

（一）国家适度干预原则

所谓适度干预是指国家必须在充分尊重经济自主的前提下对社会经济生活所进行的一种正当而又谨慎的干预。市场经济是一种以市场作为资源配置主要手段的经济体制，这种经济体制所强调的是经济主体的自主性。而国家干预作为一种外部的强制力量，是基于市场失灵、社会公平等因素而介入市场的，这种介入有着明显的人为因素和很强的目的性。因此，国家干预要寻求一种适度干预，不可擅自扩大干预的范围而损害市场自身的运行功效。

第一，国家干预应具有正当性。就是要求：一是干预者所拥有的干预权力只能来源于法律的规定；二是干预必须符合法律规定的程序。

第二，国家干预应具有谨慎性。国家干预要尽量符合市场机制自身的运行规律，不能压制市场经济主体的经济自主性和创造性。要掌握适度的干预范围和干预手段，以避免干预的负面影响和随意性。

（二）维护公平竞争原则

经济法一方面从市场规制的角度出发，禁止和限制违约、侵权、不正当竞争等破坏竞争秩序的行为，以维护自由公平的竞争环境，保障市场交易的安全和有序；对作为弱者的市场交易主体一方的消费者给以特殊的保护，以维护交易的公平和社会的稳定。另一方面则从国家宏观经济的角度，通过税收、金融、产业指导等经济手段，引导市场主体作出能够促进社会发展的选择，为经济发展创造良好社会环境和法制环境，保证社会分配的合理与公平、公正。

四、经济法的体系

经济法的体系是经济法调整对象的具体化，是由一国现行的经济法律规范按照不同的分类组成的有机联系的统一整体。

目前国内学者一般认为，经济法的体系由以下三部分构成：

（1）市场主体法：主要包括个人独资企业法、合伙企业法、全民所有制工业企业法、公司法、企业破产法等。

（2）市场运行法：主要包括合同法、工业产权法、反垄断法、反不正当竞争法、消费者权益保护法、产品质量法等。

（3）经济监督调控法：主要包括计划法、预算法、税法、证券法、票据法、会计法、审计法等。

任务二 消费者权益保护法

一、消费者权益保护法概述

（一）消费者权益保护法的概念

消费者权益保护法是指调整在保护消费者权益过程中发生的各种社会关系的法律规范的总称。

狭义的消费者权益保护法是指我国现行的《中华人民共和国消费者权益保护法》（以下简称《消费者权益保护法》）。该法于1993年由全国人民代表大会常务委员会通过，1994年1月1日开始施行。该法于2009年8月由全国人民代表大会常务委员会进行了第一次修正；2013年10月进行了第二次修正，自2014年3月15日起施行。

广义的消费者权益保护法还包括与该法相配套的《中国消费者协会受理消费者投诉规定》《关于实施〈消费者权益保护法〉的若干意见》《欺诈消费者行为处罚办法》等政府部门规章，以及《中华人民共和国民法通则》《反不正当竞争法》《中华人民共和国产品质量法》《中华人民共和国食品卫生法》《中华人民共和国刑法》等法律中保护消费者权益的有关规定。

（二）消费者权益保护法的调整对象

我国《消费者权益保护法》的调整对象是消费者的个人消费，即消费者个人以生活消费为直接目的而购买或使用商品和服务的行为。生产消费不属于《消费者权益保护法》的调整对象。但农民购买、使用直接用于生产的生产资料，参照《消费者权益保护法》调整执行。

所谓消费者，是指《消费者权益保护法》中规定的为生活消费需要购买、使用商品或接受服务的自然人。消费者有以下特征：

（1）消费者一般为自然人。

（2）消费目的必须是为生活的需要而消费，为生产需要而购买、使用商品的人不是消费者，法律另有规定的除外。

（3）消费者的消费方式为购买、使用商品或接受服务。

（三）消费者权益保护法的基本原则

消费者权益保护法的基本原则是指国家保护消费者权益的指导思想和根本宗旨。我国《消费者权益保护法》规定的基本原则有：

1. 自愿、平等、公平、诚实信用原则

经营者与消费者进行交易时，应当尊重消费者的意愿，平等协商，价格合理，诚实守信，严格履行法定的和约定的各项义务。

2. 国家对消费者特别保护原则

由于消费者处于个体分散状态，且经济实力、技术鉴别能力和自我保护手段处于弱势，国家对其合法权益进行特别保护，如扩大消费者的权利范围、加重经营者的义务和限制，在消费纠纷的处理中倾向于保护消费者的利益等。

3. 国家保护与社会监督相结合的原则

由于消费者在市场经济体系中是一个最广大的群体，对其权益的保护仅凭有关国家机关的工作是难以胜任的，必须依靠全社会的力量，建立起消费者权益的保护机制，使消费者的合法权益得到最充分、最有效的保护。保护消费者的合法权益是全社会的共同责任，国家鼓励、支持一切组织和个人对损害消费者合法权益的行为进行社会监督。

二、消费者的权利

消费者的权利是消费者在消费行为中所享有的权利，是消费者利益在法律上的表现。我国《消费者权益保护法》规定消费者享有以下九项权利：

（一）安全权

安全权，是指消费者的生命安全、身体健康和财产安全不受损害的权利，具体包括消费者生命安全权、健康安全权、财产安全权、消费场所安全权等。侵害消费者安全权的表现形式多为经营者提供的商品或服务不符合国家有关保障人身和财产安全的标准或规定，致使消费者的人身、财产受到损害。具体表现形式主要有：在生产和销售的商品中含有对人体有害的物质或存在其他安全隐患；制造销售伪劣的或过期变质的食品和药品；提供的商品包装不安全；提供的营业场所存在安全隐患等。

（二）知情权

知情权，是指消费者享有知悉其购买、使用的商品或接受的服务的真实情况的权利。消费者有权根据商品或服务性质的不同，要求经营者提供商品的价格、产地、生产者、用途、性能、规格、等级、主要成分、生产日期、有效期限、检验合格证明、使用方法说明、售后服务等；或所提供服务的内容、规格、费用等有关情况。

（三）自主选择权

自主选择权，是指消费者根据自己的消费要求、意向和兴趣，自主选择购买自己满意的商品或接受自己满意的服务的权利。其包括自主选择经营者；自主选择商品品种或服务方式；在自主选择过程中有权对不同的商品或服务进行比较、鉴别和挑选。

（四）公平交易权

公平交易权，是指消费者在购买商品或接受服务时，有权获得质量保障、价格合理、计量正确等公平交易条件，有权拒绝经营者的强制交易行为。交易双方应遵守自由公平、诚实信用、遵守法律、不得违反公认的商业道德的市场交易规则。

（五）赔偿请求权

赔偿请求权，是指消费者因购买、使用商品或接受服务受到人身、财产损害的，享有依法获得赔偿的权利。享有赔偿请求权的主体主要是因购买、使用商品或接受服务而受到人身、财产损害的消费者，也包括因为偶然原因而在事故现场受到损害的其他人。

（六）结社权

结社权，是指消费者享有依法成立维护自身合法权益的社会组织的权利。消费者结成自己的维权组织，可以通过集体的力量改变自己的弱者地位，从而与强势的经营者相抗衡，以维护自己的合法权益。目前我国消费者组织包括中国消费者协会和地方各级消费者协会以及各种类型的群众性基层组织。

（七）求知权

求知权，是指消费者有获得与有关商品或服务相关的知识和消费者权益保护方面的知识的权利。具体包括有关消费方面的知识，如消费观念知识、商品和服务知识、市场行情知识等；有关消费者权益保护方面的知识，如有关消费者权益保护的法律法规和政策以及保护机构和争议解决途径等方面的知识。

（八）获得尊重权

获得尊重权，是指消费者在购买、使用商品和接受服务时，享有其人格尊严得到尊重和民族风俗习惯得到尊重的权利；享有个人信息依法得到保护的权利。人格尊严受尊重权，是指消费者的姓名权、名誉权、荣誉权、肖像权等应受尊重的权利。民族风俗习惯受尊重权，是指消费者在饮食、服饰、居住、婚葬、节庆、娱乐、礼节、禁忌等方面应受尊重的权利。

侵犯人格尊严的形式通常表现为人格侮辱、人身伤害、名誉诋毁、非法限制人身自由、非法搜身等情形。个人信息保护权是指经营者收集、使用消费者个人信息，应当遵循合法、正当、必要的原则，明示收集、使用信息的目的、方式和范围，并经消费者同意。

（九）监督权

监督权，是指消费者享有对商品和服务以及保护消费者权利工作进行监督的权利。消费者有权检举、控告侵害消费者权益的行为和国家机关及其工作人员在保护消费者权益工作中的违法失职行为，有权对保护消费者权益工作提出批评、建议。

三、经营者的义务

经营者的义务是指为保障消费者的合法权益的实现，经营者必须作为或禁止作为的法律规定。我国《消费者权益保护法》规定的经营者的义务有以下十项：

（一）依法定或约定履行经营义务

经营者向消费者提供商品或者服务，应当依照《消费者权益保护法》和有关法律、法规的规定履行义务。经营者和消费者有约定的，应当按照约定履行义务，但双方的约定不得违背法律、法规的规定。

经营者向消费者提供商品或者服务，应当恪守社会公德，诚信经营，保障消费者的合法权益；不得设定不公平、不合理的交易条件，不得强制交易。

（二）接受消费者监督的义务

经营者应当听取消费者对其提供的商品或服务的意见，接受消费者的监督。

（三）保障消费者安全的义务

经营者应当保证其提供的商品或者服务符合保障人身、财产安全的要求。对可能危及人身、财产安全的商品和服务，应当向消费者作出真实的说明和明确的警示，并说明和标明正确使用商品或者接受服务的方法以及防止危害发生的方法。

宾馆、商场、餐馆、银行、机场、车站、港口、影剧院等经营场所的经营者，应当对消费者尽到安全保障义务。

经营者发现其提供的商品或者服务存在缺陷，有危及人身、财产安全危险的，应当立即向有关行政部门报告和告知消费者，并采取停止销售、警示、召回、无害化处理、销毁、停止生产或者服务等措施。采取召回措施的，经营者应当承担消费者因商品被召回支出的必要费用。

（四）提供真实信息的义务

经营者向消费者提供有关商品或者服务的质量、性能、用途、有效期限等信息，应当真实、全面，不得作虚假或者引人误解的宣传。

经营者对消费者就其提供的商品或者服务的质量和使用方法等问题提出的询问，应当作出真实、明确的答复。

经营者提供商品或者服务应当明码标价。

（五）标明经营者真实身份的义务

经营者在交易中只能使用自己真实的名称或营业标记。租赁他人柜台或场地的经营者，也应当标明其真实名称和标记。

（六）出具凭证或单据的义务

经营者提供商品或者服务，应当按照国家有关规定或者商业惯例向消费者出具发票等购货凭证或者服务单据；消费者索要发票等购货凭证或者服务单据的，经营者必须出具。

（七）保证质量的义务

经营者应当保证在正常使用商品或者接受服务的情况下其提供的商品或者服务应当具有的质量、性能、用途和有效期限；但消费者在购买该商品或者接受该服务前已经知道其存在瑕疵，且存在该瑕疵不违反法律强制性规定的除外。经营者以广告、产品说明、实物样品或者其他方式表明商品或者服务的质量状况的，应当保证其提供的商品或者服务的实际质量与表明的质量状况相符。

经营者提供的机动车、计算机、电视机、电冰箱、空调器、洗衣机等耐用商品或者装饰装修等服务，消费者自接受商品或者服务之日起6个月内发现瑕疵，发生争议的，由经营者承担有关瑕疵的举证责任。

（八）履行“三包”义务

经营者提供的商品或者服务不符合质量要求的，消费者可以依照国家规定、当事人约定退货，或者要求经营者履行更换、修理等义务。没有国家规定和当事人约定的，消费者可以自收到商品之日起 7 日内退货；7 日后符合法定解除合同条件的，消费者可以及时退货，不符合法定解除合同条件的，可以要求经营者履行更换、修理等义务。

依照前款规定进行退货、更换、修理的，经营者应当承担运输等必要费用。

（九）公平、合理交易的义务

经营者在经营活动中使用格式条款的，应当以显著方式提请消费者注意商品或者服务的数量和质量、价款或者费用、履行期限和方式、安全注意事项和风险警示、售后服务、民事责任等与消费者有重大利害关系的内容，并按照消费者的要求予以说明。

经营者不得以格式条款、通知、声明、店堂告示等方式，作出排除或者限制消费者权利、减轻或者免除经营者责任、加重消费者责任等对消费者不公平、不合理的规定，不得利用格式条款并借助技术手段强制交易。

（十）尊重消费者人格权的义务

经营者不得对消费者进行侮辱、诽谤，不得搜查消费者的身体及其携带的物品，不得侵犯消费者的人身自由；不得非法收集、泄露、出售或者非法向他人提供消费者个人信息。经营者未经消费者同意或者请求，或者消费者明确表示拒绝的，不得向其发送商业性信息。

四、消费者权益的保护

（一）消费者权益的国家保护

我国《消费者权益保护法》规定了国家应通过立法机关、行政机关和司法机关的各种职能活动，实现对消费者合法权益的保护。

1. 立法保护

消费者权益立法是消费者对抗经营者不法行为的有力武器，国家在进行相关立法时必须考虑消费者的根本利益，因此国家制定有关消费者权益的法律、法规、规章和强制性标准，应当听取消费者和消费者协会等组织的意见。

2. 行政保护

各级人民政府应当加强领导，组织、协调、督促有关行政部门做好保护消费者合法权益的工作，落实保护消费者合法权益的职责。各级人民政府应当加强监督，预防危害消费者人身、财产安全行为的发生，及时制止危害消费者人身、财产安全的行为。

各级人民政府工商行政管理部门和其他有关行政部门应当依照法律、法规的规定，在各自的职责范围内，采取措施，保护消费者的合法权益。

有关行政部门应当听取消费者和消费者协会等组织对经营者交易行为、商品和服务质量问题的意见，及时调查处理。

有关行政部门在各自的职责范围内，应当定期或者不定期对经营者提供的商品和服务进行抽查检验，并及时向社会公布抽查检验结果。

有关行政部门发现并认定经营者提供的商品或者服务存在缺陷，有危及人身、财产安全危险的，应当立即责令经营者采取停止销售、警示、召回、无害化处理、销毁、停止生产或者服务等措施。

3. 司法保护

有关国家司法机关应当依照法律、法规的规定，惩处经营者在提供商品和服务时侵害消费者合法权益的违法行为。人民法院应当采取措施，方便消费者提起诉讼，对符合起诉条件的消费者权益争议，必须受理，及时审理。

（二）消费者权益的社会保护

消费者权益的社会保护，主要指通过消费者组织对消费者权益的保护。

中国消费者协会和地方各级消费者协会，是依法成立的，对经营者提供的商品和服务进行社会监督，保护消费者合法权益的社会组织，是我国保护消费者合法权益的主要社会组织。各级人民政府对消费者协会履行职能应当予以支持。

消费者协会履行下列公益性职责：

（1）向消费者提供消费信息和咨询服务，提高消费者维护自身合法权益的能力，引导文明、健康、节约资源和保护环境的消费方式。

（2）参与制定有关消费者权益的法律、法规、规章和强制性标准。

（3）参与有关行政部门对商品和服务的监督、检查。

（4）就有关消费者合法权益的问题，向有关部门反映、查询，提出建议。

（5）受理消费者的投诉，并对投诉事项进行调查、调解。

（6）投诉事项涉及商品和服务质量问题的，可以委托具备资格的鉴定人鉴定，鉴定人应当告知鉴定意见。

（7）就损害消费者合法权益的行为，支持受损害的消费者提起诉讼。

（8）对损害消费者合法权益的行为，通过大众传播媒介予以揭露、批评。

各级人民政府对消费者协会履行职责应当予以必要的经费等支持。

消费者协会应当认真履行保护消费者合法权益的职责，听取消费者的意见和建议，接受社会监督。消费者组织不得从事商品经营和营利性服务，不得以收取费用或者其他谋取利益的方式向消费者推荐商品和服务。

依法成立的其他消费者组织依照法律、法规及其章程的规定，开展保护消费者合法权益的活动。

五、消费者权益争议的解决及法律责任

（一）消费者权益争议的解决途径

消费者和经营者发生消费者权益争议的，可以通过下列途径解决：

（1）与经营者协商和解。

（2）请求消费者协会或者依法成立的其他调解组织调解。

（3）向有关行政部门投诉。

（4）根据与经营者达成的仲裁协议提请仲裁机构仲裁。

（5）向人民法院提起诉讼。

（二）消费者权益争议中赔偿主体的确定

为了避免商品的生产者与经营者相互推诿，逃避承担法律责任，我国《消费者权益保护法》规定了有利于消费者的求偿原则，并根据侵害情况，分别确定赔偿主体：

（1）消费者在购买、使用商品时，其合法权益受到损害的，可以向销售者要求赔偿，销售者赔偿后，属于生产者的责任或属于其他有关责任人的责任的，销售者有权向生产者或其他有关责任人追偿。消费者或其他受害人因商品缺陷造成人身、财产损害的，可以向销售者要求赔偿，也可以向生产者要求赔偿；属于生产者责任的，销售者赔偿后，有权向生产者追偿；属于销售者责任的，生产者赔偿后，有权向销售者追偿。消费者接受服务时，其权益受到损害的，有权向服务的提供者要求赔偿。

（2）消费者在购买、使用商品或接受服务时，其合法权益受到损害，原企业分立、合并的，可以向变更后承受该企业权利义务的企业要求赔偿。

（3）使用他人营业执照的违法经营者提供商品或服务，损害消费者合法权益的，消费者可以向其要求赔偿，也可以向营业执照的持有人要求赔偿。

（4）消费者在展销会、租赁柜台购买商品或接受服务，其合法权益受到损害的，可以向销售者或服务者要求赔偿；展销会结束或柜台租赁期满后，也可以向展销会的举办者、柜台的出租者要求赔偿；展销会的举办者、柜台的出租者赔偿后，有权向销售者或服务者追偿。

（5）消费者通过网络交易平台购买商品或者接受服务，其合法权益受到损害的，可以向销售者或者服务者要求赔偿。网络交易平台提供者不能提供销售者或者服务者的真实名称、地址和有效联系方式的，消费者也可以向网络交易平台提供者要求赔偿；网络交易平台提供者作出更有利于消费者的承诺的，应当履行承诺。网络交易平台提供者赔偿后，有权向销售者或者服务者追偿。

（6）消费者因经营者利用虚假广告或者其他虚假宣传方式提供商品或者服务，其合法权益受到损害的，可以向经营者要求赔偿。广告经营者、发布者发布虚假广告的，消费者可以请求行政主管部门予以惩处。广告经营者、发布者不能提供经营者的真实名称、地址和有效联系方式的，应当承担赔偿责任。

（三）经营者的民事责任

1. 侵犯消费者合法权益的民事责任

经营者提供商品或者服务有下列情形之一的，除《消费者权益保护法》另有规定外，应当依照其他有关法律、法规的规定，承担民事责任。

（1）商品存在缺陷的。

（2）不具备商品应当具备的使用性能而出售时未做说明的。

（3）不符合在商品或其包装上注明采用的商品标准的。

（4）不符合商品说明、实物样品等方式表明的质量状况的。

（5）生产国家明令淘汰的商品或销售失效、变质的商品的。

（6）销售的商品数量不足的。

（7）服务的内容和费用违反约定的。

（8）对消费者提出的修理、重作、更换、退货、补足商品数量、退还货款和服务费用或赔偿损失的要求，故意拖延或无理拒绝的。

（9）法律、法规规定的其他损害消费者权益的情形。

经营者对消费者未尽到安全保障义务，造成消费者损害的，应当承担侵权责任。

2. 人身损害的民事责任

经营者提供的商品或者服务，造成消费者或者其他受害人人身伤害的，应当赔偿医疗费、护理费、交通费等为治疗和康复支出的合理费用，以及因误工减少的收入。造成残疾的，还应当赔偿残疾生活辅助具费和残疾赔偿金。造成死亡的，还应当赔偿丧葬费和死亡赔偿金。经营者侵害消费者的人格尊严、侵犯消费者人身自由或者侵害消费者个人信息依法得到保护的权利的，应当停止侵害、恢复名誉、消除影响、赔礼道歉，并赔偿损失。经营者有侮辱诽谤、搜查身体、侵犯人身自由等侵害消费者或者其他受害人人身权益的行为，造成严重精神损害的，受害人可以要求精神损害赔偿。

3. 财产损害的民事责任

经营者提供商品或者服务，造成消费者财产损害的，应当依照法律规定或者当事人约定承担修理、重作、更换、退货、补足商品数量、退还货款和服务费用或者赔偿损失等民事责任。

4. 特殊情况下经营者的赔偿责任

（1）经营者以邮购方式提供商品的，应当按照约定提供。未按照约定提供的，应当按照消费者的要求履行约定或退回货款，并应当承担消费者必须支付的合理费用。

（2）经营者以预收款方式提供商品或服务的，应当按照约定提供；未按照约定提供的，应当按照消费者的要求履行约定或退回预付款，并承担预付款的利息和消费者必须支付的合理费用。

（3）依法经有关行政部门认定为不合格的产品，消费者要求退货的，经营者应当负责退货。

5. 惩罚性赔偿责任

经营者提供的商品或者服务有欺诈行为的，应当按照消费者的要求增加赔偿其受到的损失，增加赔偿的金额为消费者购买商品的价款或者接受服务的费用的三倍；增加赔偿的金额不足500元的，为500元。法律另有规定的，依照其规定。

经营者明知商品或者服务存在缺陷，仍然向消费者提供，造成消费者或者其他受害人死亡或者健康严重损害的，受害人有权要求经营者按法律规定赔偿损失，并有权要求所受损失二倍以下的惩罚性赔偿。

（四）行政责任

经营者有下列情形之一，有关法律、法规对处罚机关和处罚方式有规定的，依照法律、法规的规定执行；法律、法规未作规定的，由工商行政管理部门或者其他有关行政部门责令改正，可以根据情节单处或者并处警告、没收违法所得、处以违法所得一倍以上10倍以下的罚款，没有违法所得的，处以50万元以下的罚款；情节严重的，责令停业整顿、吊销营业执照：

（1）提供的商品或者服务不符合保障人身、财产安全要求的。

（2）在商品中掺杂、掺假，以假充真，以次充好，或者以不合格商品冒充合格商品的。

（3）生产国家明令淘汰的商品或者销售失效、变质的商品的。

（4）伪造商品的产地，伪造或者冒用他人的厂名、厂址，篡改生产日期，伪造或者冒用认证标志等质量标志的。

（5）销售的商品应当检验、检疫而未检验、检疫或者伪造检验、检疫结果的。

（6）对商品或者服务作虚假或者引人误解的宣传的。

（7）拒绝或者拖延有关行政部门责令对缺陷商品或者服务采取停止销售、警示、召回、无害化处理、销毁、停止生产或者服务等措施的。

（8）对消费者提出的修理、重作、更换、退货、补足商品数量、退还货款和服务费用或者赔偿损失的要求，故意拖延或者无理拒绝的。

（9）侵害消费者人格尊严、侵犯消费者人身自由或者侵害消费者个人信息依法得到保护的权利的。

（10）法律、法规规定的对损害消费者权益应当予以处罚的其他情形。

经营者有上述规定情形的，除依照法律、法规规定予以处罚外，处罚机关应当记入信用档案，向社会公布。

（五）刑事责任

经营者有下列情形之一的，应负刑事责任：

（1）经营者提供商品或服务，造成消费者或其他人人身伤害、死亡，构成犯罪的。

（2）以暴力、威胁等方法阻碍有关行政部门工作人员依法执行职务的，构成犯罪的。

（3）国家机关工作人员玩忽职守或包庇经营者侵害消费者合法权益的行为，情节严重，构成犯罪的。

任务三 产品质量法

一、产品质量法概述

（一）产品质量法的概念

产品质量法是调整产品质量监督管理关系和产品质量责任关系的法律规范的总称。我国于 1993 年 2 月 22 日颁布了《中华人民共和国产品质量法》以下简称《产品质量法》，该法于同年 9 月 1 日开始实施，2000 年 7 月 8 日修改后，自 2000 年 9 月 1 日起实行。

（二）产品质量法的立法宗旨

《产品质量法》第 1 条明确指出该法的立法目的，可从以下几个方面加以理解：

（1）加强质量监督管理，提高产品质量水平。

（2）明确产品质量责任。

（3）保护消费者的合法权益，维护社会经济秩序。

（三）产品质量法的调整对象

（1）是国家行政机关与产品的生产者、销售者和产品质量检验机构、认证机构之间的关系；

（2）生产者、销售者与消费者之间的关系；

（3）生产者、销售者和产品质量检验机构、认证机构之间的关系；

（4）质量检验机构、认证机构与消费者之间的关系。

（四）产品与产品质量

1. 产品的概念

根据我国《产品质量法》第 2 条的规定，产品是指经过加工、制作，用于销售的产品。建筑工程不适用于本法；但是建设工程使用的建筑材料、建筑物配件和设备，属于本法规定产品范围的，适用本法规定。第 73 条规定：军工产品质量监督管理办法由国务院、中央军事委员会另行制定，军工企业生产的民用产品，适用该法的规定。因此，我国产品质量法律上所指“产品”，排除了天然的物品，非用于销售的物品，建筑工程以及军工产品。

2. 产品质量

国际标准化组织（ISO）规定产品质量的定义：产品能满足规定的或者潜在需要的特性和特性的总和。所谓总和是指在标准中规定的产品的安全性、适用性、可靠性、维修性、有效性、经济性等质量指标，它反映、代表了产品的质量状况。

二、产品质量的监督管理制度

（一）产品质量的监督管理体制

国家产品质量监督管理体系由三类政府机构组成，即国务院产品质量监督部门、县级以上地方产品质量监督部门和与产品质量管理有关的部门。

（二）产品质量的监督管理制度

1. 产品质量检验制度

产品质量检验制度是指产品质量法律制度规定的有关产品质量检验的主体、方法、程序和依据等各项内容的总称。产品质量检验按检验主体，可以分为第三方检验和生产经营者检验；根据检验的方式，可以分为全数检验和抽样；根据检验的环节，可以分为出厂检验和入库检验。

2. 标准化管理制度

标准是对重复性事务和概念所作的统一规定。它以科学技术和实践经验的综合成果为基础，经协商一致制定并经一个公认机构批准。标准化是指为在一定的范围内追求最佳秩序和社会效益，以特定领域的问题为对象制定、发布与实施共同的和重复使用的规则以达到统一的目的而进行的活动。我国标准分为国家标准、行业标准、地方标准和企业标准四类。

3. 认证制度

认证是指由认证机构证明产品、服务、管理体系符合相关技术规范或标准的活动。包括企业质量体系认证制度和产品质量认证制度。

企业质量体系认证是指依据国际通用的“质量管理和质量保证”系列标准，认证机构对企业的质量体系进行独立审核，通过颁发认证证书的形式，证明企业的质量体系和质量保证能力符合相应要求的活动。

所谓产品质量认证，是由依法取得产品质量认证资格的认证机构，依据有关的产品标准和要求，按照规定的程序，对申请认证的产品进行工厂审查和产品检验等，对符合条件要求的，通过颁发认证证书和认证标志以证明该产品符合相应标准要求的活动。

4. 产品质量监督检查制度

《产品质量法》第15、16、17条规定：国家对产品质量实行以抽查为主要方式的监督检查制度，对可能危及人体健康和人身、财产安全的产品，影响国计民生的重要工业产品以及消费者、有关组织反映有质量问题的产品进行抽查。

《产品质量法》既明确了技术监督部门履行产品质量监督的职责，也规定了有关行业、企业主管部门和综合经济管理部门履行产品质量监督的职责，同时还明确了产品质量的社会监督问题。按照《产品质量法》第22、23条规定，消费者有关产品质量问题，向生产者、销售者查询；有权向产品质量监督管理部门、工商行政管理部门及有关部门申诉，接受申诉的部门应当负责处理。保护消费者权益组织可以就消费者反映的产品质量问题建议有关部门负责处理，支持消费者因产品质量造成的损害向人民法院起诉。

三、生产者、销售者的产品质量义务

（一）产品质量义务的概念

产品质量义务是指产品质量法律关系的主体在产品生产、经营过程中，必须为或不为一定质量行为，以满足产品需求者的利益的责任。

（二）生产者的产品质量义务

保证产品质量是生产者的首要义务，生产者应对其生产的产品质量负责。《产品质量法》第26条规定，产品质量应当符合下列要求：

（1）不存在危及人身、财产安全的不合理的危险，有保障人体健康和人身、财产安全的国家标准、行业标准的，应当符合该标准；

（2）具备产品应当具备的使用性能，但是，对产品存在使用性能的瑕疵作出说明的除外；

（3）符合在产品或者其包装上注明采用的产品标准，符合以产品说明、实物样品等方式表明的质量状况。

《产品质量法》第27、28条规定，产品标识和包装必须符合下列要求：

（1）有产品质量检验合格证明；

（2）有中文标明的产品名称、生产厂厂名和厂址；

（3）根据产品的特点和使用要求，需要标明产品规格、等级、所含主要成分的名称和含量的，用中文相应予以标明，需要事先让消费者知晓的，应当在外包装上标明，或者预先向消费者提供有关资料；

（4）限期使用的产品，应当在显著位置清晰地标明生产日期和安全使用期或者失效日期；

（5）使用不当，容易造成产品本身损坏或者可能危及人身、财产安全的产品，应当有警示标志或者中文警示说明，裸装的食品和其他根据产品的特点难以附加标识的裸装产品，可以不附加产品标识；

（6）易碎、易燃、易爆、有毒、有腐蚀性、有放射性等危险物品以及储运中不能倒置和其他有特殊要求的产品，其包装质量必须符合相应要求，依照国家有关规定做出警示标志或者中文警示说明，标明储运注意事项。

根据《产品质量法》第29条到第32条的规定，生产者除了尽到保证产品质量符合安全，可靠等作为义务以外，还要注意以下不作为义务：

（1）生产者不得生产国家明令淘汰的产品；

（2）生产者不得伪造产地，不得伪造或者冒用他人的厂名、厂址；

（3）生产者不得伪造或者冒用认证标志等质量标志；

（4）生产者生产产品，不得掺杂、掺假，不得以假充真、以次充好，不得以不合格产品冒充合格产品。

（三）销售者的产品质量义务

作为的义务：

（1）进货验收义务。销售者应当建立并执行进货检查验收制度，验明产品合格证明和其他标识。

（2）保持销售产品质量的义务。销售者进货后应当采取措施保持产品质量，防止产品变质、腐烂、丧失或降低使用性能，产生危害人身、财产损失的瑕疵等。

（3）保证产品标识真实的义务。销售者销售的产品的标识应当符合本法第 27 条的规定。

《产品质量法》第 35、37、38、39 条对销售者规定了一些不作为义务，包括：

（1）销售者不得销售国家明令淘汰并停止销售的产品和失效、变质的产品；

（2）销售者不得伪造产地，不得伪造或者冒用他人的厂名、厂址；

（3）销售者不得伪造或者冒用认证标志等质量标志；

（4）销售者销售产品，不得掺杂、掺假，不得以假充真、以次充好，不得以不合格产品冒充合格产品。

（四）生产者、销售者的产品质量责任

产品质量责任指主体违反产品质量义务所应承担的法律后果，包括民事责任、行政责任和刑事责任。

违反产品质量义务的民事责任包括违约责任和侵权责任两种。

1. 违约责任

在商品买卖关系中，销售者应在合理范围内，对其出售的商品向购买者承担质量保证的责任。违反这一责任的，构成买卖合同中产品质量的违约行为，销售者应依照《产品质量法》第 40 条的规定及合同法的有关规定承担包括修理、更换、退货及赔偿损失的违约责任。

2. 侵权责任

产品质量侵权责任是指因产品存在缺陷给他人人身、财产造成损害应当承担的赔偿责任。

产品质量侵权责任的构成要件包括以下几点：

（1）主体具有特定性，即只能是产品的生产者、销售者以及相关的责任主体。

（2）客观上产品存在缺陷，且有损害事实发生，产品缺陷与损害事实之间存在因果关系。

（3）主观有无过错都承担赔偿责任。

3. 损害赔偿的范围

因产品存在缺陷造成受害人人身伤害的（包括人的肢体、残疾、疾病等），侵权人应当赔偿医疗费、因误工减少的收入、残疾者的生产补助费等费用；造成受害人死亡的，应当承担丧葬费、抚恤费、死者生前抚养人的必要的生活费等费用。

因产品存在缺陷造成受害人财产损失的侵害人应当将该财产恢复原状或折价赔偿。受害人因此遭受其他重大损失的，侵害人应当赔偿损失。

4. 损害赔偿请求权的期间与诉讼时效

根据我国《中华人民共和国民法通则》和《产品质量法》的规定，因产品存在缺陷造成损害要求赔偿的诉讼时效为2年，在当事人知道或应当知道其权益受损害之日起计算。因产品存在缺陷造成损害要求赔偿的请求权，在造成损害的缺陷产品交付最初消费者满

10年后丧失，但未超过明示的安全使用期的除外。

根据《产品质量法》第五章“罚则”的规定，行政处罚具体包括：警告、罚款、没收违法生产销售的产品和没收违法所得、责令停止生产、销售、吊销营业执照。

根据《产品辰量法》的规定，违反本法，情节严重，构成犯罪的，应当承担刑事责任。承担刑事责任的主体是个人，如果生产者或销售者是单位，则追究直接责任人员的刑事责任。同时，各级人民政府工作人员和国家机关工作人员违反本法的规定的，情节严重，构成犯罪的，依法追究其刑事责任。

任务四 反不正当竞争法与反垄断法

一、反不正当竞争法

（一）反不正当竞争法概述

为促进社会主义市场经济健康发展，鼓励和保护公平竞争，制止不正当竞争行为，保护经营者和消费者的合法权益，我国于1993午9月2日颁布了《中华人民共和国反不正当竞争法》（以下简称《反不正当竞争法》），自1993年12月1日起施行。2017年11月4日该法通过修订，自2018年1月1日起施行。

1.市场竞争的概念和作用

我国《反不正当竞争法》中所谓的竞争是指经营者在生产经营活动中，为了实现自己的利益最大化，以其他经营者为对手而进行的争取交易机会和占有市场优势的行为。

市场竞争的方式可以有多种多样，如产品质量竞争、广告营销竞争、价格竞争、产品性能和式样花色竞争等，也就是所谓的市场竞争策略。市场机制正是通过竞争实现优胜劣汰，迫使企业降低成本、提高质量、改善管理、积极创新、提高效率，从而起到优化资源配置、促进经济发展、保障消费者根本利益的作用。

在规范的市场经济体制条件下，经营者在生产经营活动中，应当遵循自愿、平等、公平、诚信的原则，遵守法律和商业道德，否则就会形成不正当竞争。

2.不正当竞争的概念和特征

所谓不正当竞争，是指经营者在生产经营活动中，违反法律规定，损害其他经营者或者消费者的合法权益，扰乱社会经济秩序的行为。不正当竞争行为有以下特征：

（1）不正当竞争行为的主体是经营者。所谓经营者，是指从事商品生产、经营或者提供服务的法人、其他经济组织和个人。

（2）不正当竞争行为是违法行为。不正当竞争行为的违法性主要表现在违反了《反不正当竞争法》的规定。经营者的某些行为虽然表面上难以确认为不正当竞争行为，但是只要违反了自愿、平等、公平、诚实信用原则或违反了公认的商业道德，损害了其他经营者的合法权益，扰乱了社会经济秩序，也应认定为不正当竞争行为。

（3）不正当竞争行为是一种侵权行为。这是指不正当竞争行为损害了或者可能损害其他经营者的合法权益。不正当竞争行为采用不正当的手段破坏市场竞争秩序、损害其他经营者的合法权益，使守法的经营者蒙受损害。同时，不正当竞争行为也会损害消费者的利益。

（4）不正当竞争行为具有社会危害性。不正当竞争行为不仅直接或者间接地损害了其他经营者和消费者的利益，并且与一般侵权行为相比，还阻碍了市场竞争机制的正常运行，扰乱了社会经济秩序，给社会经济发展造成了危害。

（二）不正当竞争行为

我国《反不正当竞争法》列举了以下不正当竞争行为：

1. 混淆行为

混淆行为，是指经营者在经营活动中，采用虚假手段，对自己的商品或服务作虚假的标示、说明或承诺，引人误认为是他人商品或者与他人存在特定联系，从而获得交易机会，损害其他经营者利益及消费者利益的行为。具体有以下几类：

（1）擅自使用与他人有一定影响的商品名称、包装、装潢等相同或者近似的标识。

（2）擅自使用他人有一定影响的企业名称（包括简称、字号等）、社会组织名称（包括简称等）、姓名（包括笔名、艺名、译名等）。

（3）擅自使用他人有一定影响的域名主体部分、网站名称、网页等。

（4）其他足以引人误认为是他人商品或者与他人存在特定联系的混淆行为。

2. 贿赂行为

贿赂行为是指经营者采用财物或其他手段对交易相对方的工作人员、受交易相对方委托办理相关事务的单位或者个人以及其他利用职权或者影响力影响交易的单位或者个人进行贿赂，以牟取交易机会或者竞争优势的行为。

经营者在交易活动中，可以以明示方式向交易相对方支付折扣，或者向中间人支付佣金。经营者向交易相对方支付折扣、向中间人支付佣金的，应当如实入账。接受折扣、佣金的经营者也应当如实入账。

经营者的工作人员进行贿赂的，应当认定为经营者的行为；但是，经营者有证据证明该工作人员的行为与为经营者牟取交易机会或者竞争优势无关的除外。

3. 虚假宣传行为

虚假宣传行为指经营者对其商品的性能、功能、质量、销售状况、用户评价、曾获荣誉等作虚假或者引人误解的商业宣传，欺骗、误导消费者。经营者也不得通过组织虚假交易等方式，帮助其他经营者进行虚假或者引人误解的商业宣传。

经营者具有下列行为之一，足以造成相关公众误解的，可以认定为引人误解的虚假宣传行为：

（1）对商品作片面的宣传或者对比的。

（2）将科学上未定论的观点、现象等当作定论的事实用于商品宣传的。

（3）以歧义性语言或者其他引人误解的方式进行商品宣传的。

4. 侵犯商业秘密行为

侵犯商业秘密行为是指经营者采用非法手段获取、披露或使用以及允许他人使用其他经营者商业秘密的行为。

所谓商业秘密，是指不为公众所知悉、具有商业价值并经权利人采取相应保密措施的技术信息和经营信息。其中技术信息包括工艺流程、技术秘诀、设计图纸、配方等；经营信息包括管理方法、产销策略、客户名单、货源情报等。

经营者不得实施下列侵犯商业秘密的行为：

（1）以盗窃、贿赂、欺诈、胁迫或者其他不正当手段获取权利人的商业秘密。

（2）披露、使用或者允许他人使用以前项手段获取的权利人的商业秘密。

（3）违反约定或者违反权利人有关保守商业秘密的要求，披露、使用或者允许他人用其所掌握的商业秘密。

第三人明知或者应知商业秘密权利人的员工、前员工或者其他单位、个人实施前款所列违法行为，仍获取、披露、使用或者允许他人使用该商业秘密的，视为侵犯商业秘密。

5. 不正当有奖销售行为

不正当有奖销售行为，是指经营者违反法律规定，利用物质、金钱或者其他经济利益引诱用户和消费者购买其商品，排挤竞争对手的不正当竞争行为。

经营者进行有奖销售不得存在下列情形：

（1）所设奖的种类、兑奖条件、奖金金额或者奖品等有奖销售信息不明确，影响兑奖。

（2）采用谎称有奖或者故意让内定人员中奖的欺骗方式进行有奖销售。

（3）抽奖式的有奖销售，最高奖的金额超过五万元。

6. 诋毁他人商业信誉行为

诋毁他人商业信誉行为是指经营者编造、传播虚假信息或者误导性信息，损害竞争对手的商业信誉、商品声誉的行为。

诋毁他人商业信誉以贬低特定竞争对手为目的，意在使竞争对手削弱或丧失竞争力。其散布虚伪事实的途径可以是经营者亲自实施，也可以是串通宣传媒介等他人实施。其他非经营者实施的侵害他人商业信誉的行为，不构成不正当竞争行为，但可构成共同侵权。

7. 不正当网络经营行为

不正当网络经营行为是指使用互联网从事生产经营的经营者，利用技术手段，通过影响用户选择或者其他方式，实施妨碍、破坏其他经营者合法提供的网络产品或者服务正常运行的行为。

经营者不得实施下列不正当网络经营行为：

（1）未经其他经营者同意，在其合法提供的网络产品或者服务中，插入链接、强制进行目标跳转。

（2）误导、欺骗、强迫用户修改、关闭、卸载其他经营者合法提供的网络产品或者服务。

（3）恶意对其他经营者合法提供的网络产品或者服务实施不兼容。

（4）其他妨碍、破坏其他经营者合法提供的网络产品或者服务正常运行的行为。

（三）对不正当竞争行为的监督检查

对不正当竞争行为的监督检查包括政府专门机构的监督检查以及其他组织和个人的社会监督。

1. 政府对涉嫌不正当竞争行为的调查

我国《反不正当竞争法》规定：各级人民政府应当采取措施，制止不正当竞争行为，为公平竞争创造良好的环境和条件。

国务院建立反不正当竞争工作协调机制，研究决定反不正当竞争重大政策，协调处理维护市场竞争秩序的重大问题。

县级以上人民政府履行工商行政管理职责的部门对不正当竞争行为进行查处；法律、行政法规规定由其他部门查处的，依照其规定。

监督检查部门调查涉嫌不正当竞争行为，可以采取下列措施：

（1）进入涉嫌不正当竞争行为的经营场所进行检查。

（2）询问被调查的经营者、利害关系人及其他有关单位、个人，要求其说明有关情况或者提供与被调查行为有关的其他资料。

（3）查询、复制与涉嫌不正当竞争行为有关的协议、账簿、单据、文件、记录、业务函电和其他资料。

（4）查封、扣押与涉嫌不正当竞争行为有关的财物。

（5）查询涉嫌不正当竞争行为的经营者的银行账户。

采取上述措施，应当依本法规定向有关部门及其主要负责人书面报告，并经批准。

监督检查部门调查涉嫌不正当竞争行为，应当遵守《中华人民共和国行政强制法》和其他有关法律、行政法规的规定，并应当将查处结果及时向社会公开。

监督检查部门调查涉嫌不正当竞争行为，被调查的经营者、利害关系人及其他有关单位、个人应当如实提供有关资料或者情况。

监督检查部门及其工作人员对调查过程中知悉的商业秘密负有保密义务。

2.不正当竞争行为的社会监督

国家鼓励、支持和保护一切组织和个人对不正当竞争行为进行社会监督。对涉嫌不正当竞争行为，任何单位和个人有权向监督检查部门举报，监督检查部门接到举报后应当依法及时处理。监督检查部门应当向社会公开受理举报的电话、信箱或者电子邮件地址，并为举报人保密。对实名举报并提供相关事实和证据的，监督检查部门应当将处理结果告知举报人。

国家机关及其工作人员不得支持、包庇不正当竞争行为。

行业组织应当加强行业自律，引导、规范会员依法竞争，维护市场竞争秩序。

3.不正当竞争行为的法律责任

经营者违反《反不正当竞争法》规定，给他人造成损害的，应当依法承担民事责任。

经营者的合法权益受到不正当竞争行为损害的，可以向人民法院提起诉讼。因不正当竞争行为受到损害的经营者的赔偿数额，按照其因被侵权所受到的实际损失确定；实际损失难以计算的，按照侵权人因侵权所获得的利益确定。赔偿数额还应当包括经营者为制止侵权行为所支付的合理开支。

对经营者违反《反不正当竞争法》规定实施的不正当竞争行为，由监督检查部门责令停止违法行为，并按违法经营额处以罚款；情节严重的，吊销营业执照；构成犯罪的，依法追究刑事责任。

二、反垄断法

（一）垄断与反垄断法概述

1. 垄断的概念及分类

垄断是指企业或企业组织在市场经济运行过程中进行的排他性控制或对市场竞争进行实质性限制，妨碍公平竞争秩序的行为或状态。法律意义上的垄断具有两个显著的特征，即违法性和危害性。

根据不同标准，垄断可以分为以下几类：

（1）根据垄断者占有市场的情况，可分为独占垄断、寡头垄断和联合垄断。

①独占垄断是指一家企业对整个行业的生产、销售和价格有完全的排他性的控制能力，在该企业所在的行业内，不存在任何竞争。

②寡头垄断又称寡头、寡占，意指为数不多的销售者。在寡头垄断市场上，只有少数几家厂商供给该行业全部或大部分产品，每个厂家的产量占市场总量的份额相当，对市场价格和产量有举足轻重的影响。

③联合垄断是指两个或两个以上企业或企业联合组织，通过明示、默示限制竞争协议或共同一致的行为，联合控制某一产业的生产或销售。它是垄断竞争的重要表现形式。

（2）根据垄断产生的原因，可分为经济性垄断、国家垄断、行政性垄断和自然垄断。

①经济性垄断又称经济垄断，是指经营者或经营者的联合体为了获得垄断利润而滥用其拥有的经济优势或市场支配地位（包括联合优势）的排除和限制竞争的行为。

②国家垄断是作为经济主体的国家对社会经济运行过程进行排他性控制的经济形式。

③行政性垄断是指行政机关或其授权的组织滥用行政权力，限制竞争的行为。主要表现为地区行政性市场垄断、行政强制交易、行政部门干涉企业经营行为、行政性公司滥用优势行为等。

④自然垄断是指由于市场的自然条件而产生的垄断，经营这些部门如果进行竞争，则可能导致社会资源的浪费或者市场秩序的混乱。

2. 反垄断法概述

（1）反垄断法的概念

反垄断法是指通过规范垄断和限制竞争行为来调整企业和企业联合组织相互间竞争关系的法律规范的总和。反垄断法是现代经济法的重要组成部分，旨在规制市场中一系列独占市场、限制竞争、破坏市场竞争机制、损害社会公平利益的行为。

社会主义市场经济的发展，不可避免地导致了垄断和竞争矛盾的加剧。为了处理好这对矛盾，从保护社会主义市场竞争和国家利益出发，从维护广大竞争者和消费者利益出发，促进竞争机制功能的充分发挥，打破地区封锁和条块垄断、行政性垄断，必须把国家管理市场经济活动、制止垄断现象的经济政策规范化、规律化。反垄断法是保障这种经济管理手段和政策措施得以实施的法律工具。

（2）反垄断法的渊源

1889 年，加拿大颁布了《预防和制止限制贸易之联合行为的法律》，这是现代社会第一部专门的反垄断法。但是这部法律没有被有效实施，影响也不大。现代反垄断法起源于美国。美国的反垄断法被称为反托拉斯法，1890 年，美国通过了《抵制非法限制与垄断保护贸易及商业法》（简称《谢尔曼法》），该法案成为世界各国反垄断立法借鉴的重要文献，被称为反垄断法的起源。美国以 1890 年的《谢尔曼法》、1914 年的《克莱顿法》和《联邦贸易委员会法》这三个法律为基础，后经若干单行法和大量判例修改并不断完善，形成了今天庞大的反托拉斯法体系。

（4）我国反垄断法的立法体系

反垄断法与反不正当竞争法同属于市场竞争规制的法律范畴，各国在处理二者之间的关系上，采取了两种不同的立法体例：分立式立法与合并式立法。我国采用的是分立式立法。《反不正当竞争法》于 1993 年 9 月 2 日通过，自 1993 年 12 月 1 日起施行；《中华人民共和国反垄断法》（简称《反垄断法》）于 1994 年被列入全国人大立法计划，于 2007 年 8 月 30 日通过，自 2008 年 8 月 1 日起正式实施。至此，反垄断法与反不正当竞争法并立的竞争法体系最终形成。

（4）我国反垄断法的立法目的

预防和制止垄断行为，保护市场公平竞争，提高经济运行效率是反垄断法的直接立法目的；维护消费者利益和社会公共利益，促进社会主义市场经济健康发展是其根本立法目的。

（5）反垄断法与反不正当竞争法的关系

反垄断法是从垄断行为的反竞争角度进行定性和规范的，因为垄断行为的性质是排斥竞争和限制竞争，企图达到独占或寡占的目的；而反不正当竞争法则是对在存在竞争情况下，运用违背商业道德和善良风俗的手段，打击正当经营的竞争对手的行为进行规制。

（6）我国反垄断法的适用范围及规制对象

根据我国《反垄断法》第 2 条、第 8 条的规定，我国的《反垄断法》主要适用于两类垄断行为：一是经营者的经济性垄断行为；二是行政机关滥用行政权力，排除、限制竞争的行政性垄断行为。《反垄断法》所规制的经济性垄断行为，不仅包括经营者在我国境内经济活动中从事的垄断行为，也包括在我国境外发生的，对国内市场竞争产生排除、限制影响的垄断行为。

（7）反垄断法的适用除外

我国《反垄断法》规定了两种适用除外的类型：一是经营者依照有关知识产权的法律、行政法规规定行使知识产权的行为；二是农业生产者及农村经济组织在农产品生产、加工、销售、运输、储存等经营活动中实施的联合或者协同行为。

3. 反垄断法的基本原则

我国反垄断法的基本原则可概括为以下两点：

（1）健全统一、开放、竞争、有序的市场体系的原则

《反垄断法》的出台，使其与《反不正当竞争法》一同构筑起我国竞争法体系的骨架，形成了与社会主义市场经济相适应的竞争规则。

（2）保护经济自由权与监管和调控相结合的原则

反垄断法抑制垄断并不消灭垄断。它承认并保护经营者的经济自由权，允许经营者通过公平竞争、自愿联合，依法实施集中，扩大经营规模，提高市场竞争能力，同时为建立健全统一、开放、竞争、有序的市场体系而监管和调控经营者的反竞争行为。

（二）我国《反垄断法》中的垄断行为

1. 垄断协议

（1）垄断协议概述

垄断协议是指两个或两个以上的经营者以协议、决议或其他协同行为实施的限制竞争行为。垄断协议分为横向垄断协议和纵向垄断协议。

①横向垄断协议。横向垄断协议是指两个或两个以上因经营同类产品或服务而在生产或销售过程中处于同一经营阶段的同业竞争者之间的垄断协议。如两家汽车生产公司之间的联合。这种联合限制竞争行为实现价格联合、划分市场、联合抵制，从根本上排除相互间的竞争，甚至形成各自的市场支配地位，还排除了相互间竞争的可能。

横向垄断协议是一种最严重的排斥竞争，是危害最大而受处罚也最严厉的垄断行为。

②纵向垄断协议。纵向垄断协议是指两个或两个以上在同一产业中处于不同阶段而有买卖关系的企业间的垄断协议。如汽车生产商与汽车销售商之间的联合。

禁止纵向垄断协议主要是禁止限制转售价格，禁止在同一产业链中，上一环节经营者利用其市场支配地位，通过协议确定下一环节经营者销售价格的行为。

（2）法律禁止达成的垄断协议

①禁止达成的横向垄断协议。根据我国《反垄断法》的规定，禁止具有竞争关系的经营者达成下列垄断协议（即横向垄断协议）：固定或者变更商品价格；限制商品的生产数量或者销售数量；分割销售市场或者原材料采购市场；限制购买新技术、新设备或者限制开发新技术、新产品；联合抵制交易；国务院反垄断执法机构认定的其他垄断协议。

②禁止达成的纵向垄断协议。我国《反垄断法》禁止经营者与交易相对人达成下列垄断协议（即纵向垄断协议）：固定向第三人转售商品的价格；限定向第三人转售商品的最低价格；国务院反垄断执法机构认定的其他垄断协议。

（3）垄断协议的豁免情形

垄断协议的豁免是指经营者之间的协议、决议或者其他协同行为，虽然排除、限制了竞争，构成了垄断协议，但该类协议在其他方面所带来的好处要大于其对于竞争秩序的损害。

我国《反垄断法》对垄断协议的豁免，采取的是规定豁免类型的方式。

根据《反垄断法》的规定，以下垄断协议予以豁免：经营者为改进技术、研究开发新产品的；为提高产品质量、降低成本、增进效率，统一产品规格、标准或者实行专业化分工的；为提高中小经营者经营效率、增强中小经营者竞争力的；为实现节约能源保护环境、救灾救助等社会公共利益的；因经济不景气，为缓解销售量严重下降或者生产明显过剩的；为保障对外贸易和对外经济合作中的正当利益的；法律和国务院规定的其他情形。

（4）垄断协议的申报与批准

垄断协议的申报是对属于法律规定的可以豁免的垄断协议，向反垄断主管机构进行报告，请求批准的制度。日本是世界上最早在反垄断法上采用申报制度的国家。我国《反垄断法》对垄断协议的豁免未规定申报制度，完全由经营者自行判断其协议是否符合法律规定的豁免条件。

（5）构成垄断协议的法律责任

①行政处罚措施。经营者违反《反垄断法》的规定，达成并实施垄断协议的，由反垄断执法机构责令停止违法行为，没收违法所得，并处上一年度销售额1%以上10%以下的罚款。尚未实施所达成的垄断协议的，可以处以50万元以下的罚款。行业协会违反《反垄断法》的规定，组织本行业的经营者达成垄断协议的，反垄断执法机构可以处以50万元以下的罚款；情节严重的，社会团体登记管理机关可以依法撤销登记。

②民事责任。达成的垄断协议的合同内容、行业协会的章程等违反《反垄断法》或

者其他法律、法规的强制性规定的，法院认定其无效。

实施垄断行为的经营者应承担停止侵害、赔偿损失等民事责任。

2.滥用市场支配地位

（1）概述

市场支配地位是指经营者在相关市场内具有能够控制商品价格、数量或者其他交易条件，或者能够阻碍、影响其他经营者进入相关市场能力的市场地位。我国《反垄断法》采取国际通行做法，不反对经营者具有市场支配地位，只有当具有市场支配地位的企业利用其市场支配地位危害竞争，损害公共利益和私人利益时，《反垄断法》才会发挥起作用。

（2）市场支配地位的认定

经营者具有市场支配地位是其实施滥用市场优势垄断行为的基本条件。根据我国《反垄断法》的规定，认定经营者是否具有市场支配地位，应当依据以下因素：①该经营者在相关市场的市场份额，以及相关市场的竞争状况；②该经营者控制销售市场或者原材料采购市场的能力；③该经营者的财力和技术条件；④其他经营者对该经营者在交易上的依赖程度；⑤其他经营者进入相关市场的难易程度；⑥与认定该经营者市场支配地位有关的其他因素。

同时，为了方便执法和司法实践中的操作，我国的《反垄断法》也设计了市场支配地位的推定制度，如果经营者在相关市场达到法定市场份额，即可推定经营者具有市场支配地位。

（3）滥用市场支配地位行为的认定

滥用市场支配地位行为是指具有市场支配地位的企业，利用其市场支配地位危害竞争，损害竞争对手和社会公共利益及其他私人利益的行为。

具有市场支配地位的经营者有下列行为之一的，则可以认定经营者存在滥用市场支配地位的行为：①以不公平的高价销售商品或者以不公平的低价购买商品；②没有正当理由，以低于成本的价格销售商品；③没有正当理由，拒绝与交易相对人进行交易；④没有正当理由，限定交易相对人只能与其进行交易或者只能与其指定的经营者进行交易；⑤没有正当理由搭售商品，或者在交易时附加其他不合理的交易条件；⑥没有正当理由，对条件相同的交易相对人在交易价格等交易条件上实行差别待遇；⑦国务院反垄断执法机构认定的其他滥用市场支配地位的行为。

滥用市场支配地位的行为与不正当竞争行为中的一些行为看起来较为相似，但前者以具有市场支配地位为基础，后者一般无此要求。

（4）法律责任

经营者违反《反垄断法》的规定，滥用市场支配地位的，由反垄断执法机构责令其停止违法行为，没收违法所得，并处上一年度销售额1%以上10%以下的罚款。

3.经营者集中

经营者集中又称企业合并、企业集中，是指两个或两个以上相互独立的企业合并为一个企业，或者企业之间通过取得股权或资产，或者通过合同等方式，使一个企业能够直接或间接控制另一个企业。

经营者集中，可能同时给市场经济带来积极作用与消极作用。经营者集中有利于发挥规模经济、范围经济的积极效果，并且不会对竞争产生排斥和限制。同时，经营者集中具有或者可能具有排除、限制竞争的效果。因此，法律一方面尊重经济规律，承认规模经济的合理性，允许经济力集中和企业适度合并，同时要预防经营者以不法手段实施集中，或者使经营者集中失控，导致一定市场或行业内竞争的丧失。

4.滥用行政权力排除、限制竞争

滥用行政权力排除、限制竞争，即通常所称的"行政垄断"，是指拥有行政权力的政府机关以及其他依法具有管理公共事务职能的组织滥用行政权力，排除、限制竞争的各种行为。这种行为的主体不是经营者，而是行政机关和法律、法规授权的具有管理公共事务职能的组织。

（三）反垄断机构

1.反垄断委员会

国务院设立反垄断委员会，负责组织、协调、指导反垄断工作，履行下列职责：

（1）研究拟订有关竞争政策；

（2）组织调查、评估市场总体竞争状况，发布评估报告；

（3）制定、发布反垄断指南；

（4）协调反垄断行政执法工作；

（5）国务院规定的其他职责。

国务院反垄断委员会的组成和工作规则由国务院规定。

2.反垄断执法机构

国务院规定的承担反垄断执法职责的机构称为反垄断执法机构，负责反垄断执法工作。

国务院反垄断执法机构根据工作需要，可以授权省、自治区、直辖市人民政府相应的机构，依照法律规定负责有关反垄断执法工作。

3. 对涉嫌垄断行为的调查

（1）反垄断执法机构调查涉嫌垄断行为，可以采取下列措施：进入被调查的经营者的营业场所或者其他有关场所进行检查；询问被调查的经营者、利害关系人或者其他有关单位或者个人，要求其说明有关情况；查阅、复制被调查的经营者、利害关系人或者其他有关单位或者个人的有关单证、协议、会计账簿、业务函电、电子数据等文件和资料；查封、扣押相关证据；查询经营者的银行账户。反垄断执法机构及其工作人员对执法过程中知悉的商业秘密负有保密义务。

（2）反垄断执法机构调查涉嫌垄断行为时应遵守法定调查程序，保守被调查人的商业秘密。

（3）根据《反垄断法》的相关规定，被调查的经营者、厉害关系人有权陈述意见。同时，被调查的经营者、利害关系人或者其他有关单位或者个人应当配合反垄断执法机构依法履行职责，不得拒绝、阻碍反垄断执法机构的调查。

（4）反垄断调查的中止。对反垄断执法机构调查的涉嫌垄断行为，被调查的经营者承诺在反垄断执法机构认可的期限内采取具体措施消除该行为后果的，反垄断执法机构可以决定中止调查。中止调查的决定应当载明被调查的经营者承诺的具体内容。

任务五 劳动法律制度

一、劳动法概述

（一）劳动法的概念

劳动法是调整劳动关系以及与劳动关系密切联系的其他社会关系的法律规范的总称。

目前我国劳动法的渊源主要有《中华人民共和国劳动法》(以下简称《劳动法》)和《中华人民共和国劳动合同法》（以下简称《劳动合同法》）。《劳动法》于1994年通过，1995年1月1日起正式生效。《劳动合同法》于2007年通过，2008年1月1日起施行。就两者的关系来看，劳动合同法是劳动法的重要组成部分。劳动法除了包括劳动合同部分以外，还包括劳动就业、劳动条件、劳动保护、劳动争议处理、劳动监察等。劳动法和劳动合同法属于普通法和特别法的关系。一般而言，在法律的适用上面，特别法优于普通法，也即对于《劳动法》和《劳动合同法》都有规定的，适用《劳动合同法》的规定，《劳动合同法》没有规定而《劳动法》有规定的，则适用《劳动法》的相关规定。

《劳动合同法》与《劳动法》相比较，主要有以下几方面的变化：

《劳动合同法》中就“用人单位”的概念做了进一步扩大：在原“我国境内企业、个体经济组织”基础上新增了“民办非企业单位等组织”，这一变化使得劳动法的适用范围更加广泛。

对于用人单位不订立书面劳动合同问题进一步明确。明确用人单位自用工之日起即与劳动者建立劳动关系；放宽了订立劳动合同的时间要求；加重了用人单位违法不订立书面劳动合同的法律责任。《劳动合同法》中的规定：“用人单位自用工之日起即与劳动者建立劳动关系。用人单位应当建立职工名册备查。”“建立劳动关系，应当订立书面劳动合同。”

试用期上的变化。按现行法律规定，职工在试用期内达不到录用条件，用人单位可以随时解除劳动合同，并且不用支付经济补偿金。同时，由于试用期间职工的工资待遇相对较低，有的用人单位，特别是生产经营季节性强的中小型企业，在生产旺季大量招用员工，规定较长的试用期，在试用期结束前，以劳动者达不到录用条件为由解除劳动合同，变相剥削劳动者。还有的用人单位滥用试用期，严重侵害劳动者的合法权益。通过设定较长时间的试用期，来规避对职工应尽的法定责任，使得“试用期”变成了“白用期”。

《劳动合同法》为此对试用期的时间周期上作出了严格限定：“劳动合同期限 3 个月以上不满一年的，试用期不得超过 1 个月；劳动合同期限 1 年以上不满 3 年的，试用期不得超过 2 个月；3 年以上固定期限和无固定期限的劳动合同，试用期不得超过 6 个月。同一用人单位与同一劳动者只能约定一次试用期，以完成一定工作任务为期限的劳动合同或者劳动合同期限不满 3 个月的，不得约定试用期。试用期包含在劳动合同期限内。劳动合同仅约定试用期的，试用期不成立，该期限为劳动合同期限。”

《劳动合同法》还对试用期工资待遇上作出了严格限定：“劳动者在试用期的工资不得低于本单位相同岗位最低档工资或者劳动合同约定工资的 80%，并不得低于用人单位所在地的最低工资标准。”“在试用期中，除劳动者有本法第 39 条和第 40 条第 1 项、第 2 项规定的情形外，用人单位不得解除劳动合同。用人单位在试用期解除劳动合同的，应当向劳动者说明理由。”

同时，还对违反试用规定的处罚作了明确规定，“用人单位违反本法规定与劳动者约定试用期的，由劳动行政部门责令改正；违法约定的试用期已经履行的，由用人单位以劳动者试用期满月工资为标准，按已经履行的超过法定试用期的期间向劳动者支付赔偿金”。

针对不缴社保的情况，劳动者可以终止合同。《劳动合同法》中明确规定“用人单位未依法为劳动者缴纳社会保险费的，劳动者可以解除劳动合同”“有不缴社保情形的，用人单位应当向劳动者支付经济补偿”。这一规定体现了《劳动合同法》对劳动者这一弱势群体的重视。

针对劳动者离职时对用人单位的规定，明确用人单位在解除合同时需向劳动者出具离职证明和社保转移单。《劳动合同法》规定，“用人单位应当在解除或者终止劳动合同时出具解除或者终止劳动合同的证明，并在15日内为劳动者办理档案和社会保险关系转移手续”“劳动者依法解除或者终止劳动合同，用人单位扣押劳动者档案或者其他物品的，依照前款规定处罚的，由劳动行政部门责令限期退还劳动者本人，并以每人500元以上2000元以下的标准处以罚款；给劳动者造成损害的，应当承担赔偿责任”。

（二）劳动法的调整对象

劳动法的调整对象，包括两个方面的关系：第一，劳动关系。这是劳动法调整的最重要、最基本的关系；第二，与劳动关系密切联系的其他社会关系。

1. 劳动关系

所谓劳动关系，即人们在从事劳动过程中发生的社会关系。它是人类社会能够生存发展的基础。在我国，劳动关系具体表现为劳动者与用人单位（如企业、事业单位、国家机关、社会团体、个体经济组织等）之间发生的关系。

作为劳动法调整对象的劳动关系，具有以下特征：

这种劳动关系与劳动有直接联系，劳动是这种关系表现的内容。

劳动关系的当事人，一方是劳动者，另一方是用人单位。

这种关系的发生、变更和终止，其当事人双方在劳动过程中的权利、义务以及劳动条件均应依法处理。

即使是国家机关、事业单位、社会团体与其工作人员建立了劳动关系，但是如果国家法律、法规对调整其关系另有特殊规定的，也不属于劳动法调整的范畴。

2. 与劳动关系密切联系的某些关系

劳动法除了调整劳动关系以外，它还调整与劳动关系密切联系的其他某些关系。这些关系本身并不是劳动关系，但是与劳动关系有着密切联系，是以劳动关系为中心而形成的。有的是发生劳动关系的必要前提，有的是劳动关系的直接后果，有的是随着劳动关系而附带产生的关系。这些关系包括以下几个方面：

作为劳动关系必要前提而存在的社会关系。例如劳动人事部门或主管部门和用人单位在劳动力招收、录用、调配方面发生的关系；职业培训机构与劳动者、用人单位之间发生的关系；职业中介机构和劳动者、用人单位之间发生的关系等。

伴随劳动关系而发生的关系。例如用人单位内部组织（如工会）与用人单位之间发生的关系；用人单位与外部组织间发生的关系；监督、监察部门与用人单位之间发生的关系。

它是劳动关系直接后果关系。例如社会保险机构与用人单位和劳动者之间因为执行社会保险制度而发生的关系；劳动仲裁机构与用人单位、劳动者因劳动争议的处理而发生的关系。

（三）劳动法的适用范围

《劳动合同法》第2条规定："中华人民共和国境内的企业、个体经济组织、民办非企业单位等组织与劳动者建立劳动关系，订立、履行、变更、解除或者终止劳动合同，适用本法。国家机关、事业单位、社会团体和与其建立劳动关系的劳动者，订立、履行、变更、解除或者终止劳动合同，依照本法执行。"此外，《劳动合同法实施条例》第3条规定："依法成立的会计师事务所、律师事务所等合伙组织和基金会，属于劳动合同法规定的用人单位。"

（四）劳动法律关系

1.劳动法律关系的概念

劳动法律关系，是指劳动者与用人单位依据劳动法律规范，在实现社会劳动过程中形成的权利义务关系。

2.劳动法律关系的主体

（1）劳动者。要成为劳动法律意义上的劳动者须满足以下条件：①达到法定年龄且具有劳动行为能力。《劳动法》第15条规定："禁止用人单位招用未满16周岁的未成年人。文艺、体育和特种工艺单位招用未满16周岁的未成年人，必须依照国家有关规定，履行审批手续，并保障其接受义务教育的权利。"②与用人单位建立劳动关系。

（2）用人单位。是依法成立，并依法招用和管理劳动者，发给其劳动报酬的劳动组织。

3.劳动法律关系的客体

劳动法律关系客体是劳动法律关系主体双方的权利义务共同指向的对象。主体双方的权利义务必须共同指向同一对象，才能形成劳动法律关系。劳动法律关系的客体只能是劳动者的劳动行为，可分为完成一定工作成果的行为和提供劳务活动的行为。

4.劳动法律关系的内容

劳动法律关系的内容是指劳动法律关系主体双方依法享有的权利和承担的义务。它是劳动法律关系的基本要素，是联结劳动法律关系主体与客体的媒介，也是劳动法律关系的核心和实质。

（1）劳动者的权利与义务。

《劳动法》第3条规定："劳动者享有平等就业和选择职业的权利、取得劳动报酬的权利、休息休假的权利、获得劳动安全卫生保护的权利、接受职业技能培训的权利、享受社会保险和福利的权利、提请劳动争议处理的权利以及法律规定的其他劳动权利。劳动者应当完成劳动任务，提高职业技能，执行劳动安全卫生规程，遵守劳动纪律和职业道德。"

（2）用人单位的权利与义务。

《劳动法》第4条规定："用人单位应当依法建立和完善规章制度，保障劳动者享有劳动权利和履行劳动义务。"

《劳动合同法》第4条规定："……用人单位在制定、修改或者决定有关劳动报酬、工作时间、休息休假、劳动安全卫生、保险福利、职工培训、劳动纪律以及劳动定额管理等直接涉及劳动者切身利益的规章制度或者重大事项时，应当经职工代表大会或者全体职工讨论，提出方案和意见，与工会或者职工代表平等协商确定。在规章制度和重大事项决定实施过程中，工会或者职工认为不适当的，有权向用人单位提出，通过协商予以修改完善。用人单位应当将直接涉及劳动者切身利益的规章制度和重大事项决定公示，或者告知劳动者。"

二、劳动合同

（一）劳动合同的概念

劳动合同是劳动者和用人单位之间依法确立劳动关系，明确双方权利和义务的书面协议。

《劳动法》第16条明确规定："劳动合同是劳动者与用人单位确立劳动关系、明确双方权利和义务的协议。"

（二）劳动合同的种类

我国劳动法就是按照劳动合同的期限分为有固定期限、无固定期限和以完成一定的工作为期限。

有固定期限的劳动合同，它是指企业等用人单位与劳动者订立的有一定期限的劳动协议。合同期限届满，双方当事人的劳动法律关系即行终止。如果双方同意，还可以续订合同，延长期限。

无固定期限的劳动合同，它是指企业等用人单位与劳动者订立的，没有期限规定的劳动协议。劳动者在参加工作后，长期在一个企业等用人单位内从事生产或工作，不得无故离职，用人单位也不得无故辞退。这种合同一般适用于技术性较强，需要持续进行的工作岗位。

以完成一定工作为期限的劳动合同，它是指以劳动者所担负的工作任务来确定合同期限的劳动合同。如完成某项科研，以及带有临时性、季节性的劳动合同。合同双方当事人在合同存续期间建立的是劳动法律关系，劳动者要加入劳动单位集体，遵守劳动单位内部规则，享受某种劳动保险待遇。

（三）劳动合同的内容

《劳动合同法》第 17 条对劳动合同的内容做出了规定：劳动合同应当具备以下条款：①用人单位的名称、住所和法定代表人或者主要负责人；②劳动者的姓名、住址和居民身份证或者其他有效身份证件号码；③劳动合同期限；④工作内容和工作地点；⑤工作时间和休息休假；⑥劳动报酬；⑦社会保险；⑧劳动保护、劳动条件和职业危害防护；⑨法律、法规规定应当纳入劳动合同的其他事项。劳动合同除前款规定的必备条款外，用人单位与劳动者可以约定试用期、培训、保守秘密、补充保险和福利待遇等其他事项。

三、劳动争议

（一）劳动争议的概念

劳动争议也称劳动纠纷，是指劳动法律关系双方当事人即劳动者和用人单位，在执行劳动法律、法规或履行劳动合同过程中，就劳动权利和劳动义务关系所产生的争议。

（二）劳动争议的范围

因确认劳动关系发生的争议。

因订立、履行、变更、解除和终止劳动合同发生的争议。

因除名、辞退和辞职、离职发生的争议。

因工作时间、休息休假、社会保险、福利、培训以及劳动保护发生的争议。

因劳动报酬、工伤医疗费、经济补偿或者赔偿金等发生的争议。

法律、法规规定的其他劳动争议。

（三）劳动争议的解决原则

《劳动法》第 78 条规定：“解决劳动争议，应当根据合法、公正、及时处理的原则，依法维护劳动争议当事人的合法权益。”

（四）劳动争议的解决途径

《劳动法》第 77 条规定：“用人单位与劳动者发生劳动争议，当事人可以依法申请调解、仲裁、提起诉讼，也可以协商解决。调解原则适用于仲裁和诉讼程序。”

（1）协商。劳动争议的协商是指发生争议的劳动者与用人单位通过自行协商，或者劳动者请工会或者其他第三方共同与用人单位进行协商，从而使当事人的矛盾得以化解，自愿就争议事项达成协议，使劳动争议及时得到解决的一种活动。这是解决劳动争议的一个环节。发生劳动争议后，由当事人双方进行协商和解，有利于使劳动争议在比较平和的气氛中得到解决，防止矛盾激化，促进劳动关系和谐稳定。

协商和解成功后，当事人双方应当签订和解协议。协商这一程序，完全是建立在双方自愿的基础上，任何一方，或者第三方都不得强迫另一方当事人进行协商。如果当事人不愿协商、协商不成或者达成和解协议后不履行的，另一方当事人仍然可以向劳动争议调解组织申请调解，或者向劳动争议仲裁机构申请仲裁。

（2）调解。劳动争议调解是调解劳动争议，就是要做劳资双方的思想工作，以事实为依据，根据法律、法规和政策，陈述利害，晓之以理，动之以情，帮助双方解决分歧，就争议事项达成共识。

《中华人民共和国劳动争议调解仲裁法》第 13 条规定：“调解劳动争议，应当充分听取双方当事人对事实和理由的陈述，耐心疏导，帮助其达成协议。”

《劳动法》第 80 条规定：“在用人单位内，可以设立劳动争议调解委员会。劳动争议调解委员会由职工代表、用人单位代表和工会代表组成。劳动争议调解委员会主任由工会代表担任。劳动争议经调解达成协议的，当事人应当履行。”

（3）仲裁。劳动争议仲裁是指劳动争议仲裁委员会根据当事人的申请，依法对劳动争议在事实上作出判断、在权利义务上作出裁决的一种法律制度。

《劳动法》第81条规定:“劳动争议仲裁委员会由劳动行政部门代表、同级工会代表、用人单位方面的代表组成。劳动争议仲裁委员会主任由劳动行政部门代表担任。”

《劳动法》第82条规定:“提出仲裁要求的一方应当自劳动争议发生之日起60日内向劳动争议仲裁委员会提出书面申请。仲裁裁决一般应在收到仲裁申请的60日内作出。对仲裁裁决无异议的,当事人必须履行。”

(4)诉讼。《劳动法》第83条规定:“劳动争议当事人对仲裁裁决不服的,可以自收到仲裁裁决书之日起15日内向人民法院提起诉讼。一方当事人在法定期限内不起诉又不履行仲裁裁决的,另一方当事人可以申请人民法院强制执行。”

四、违反劳动法的法律责任

违反劳动法的法律责任,是指由于用人单位、劳动者、劳动行政部门和其他有关部门(组织)及其工作人员违反劳动法律法规的规定而应承担的法律后果。

劳动法中的法律责任的形式主要包括:

(一)违反劳动法的民事责任

违反劳动法的民事责任是违法行为人依法应当承担的,向违法行为相对人以给付一定财产、做出一定行为等履行债务的方式恢复其特定权益的法律责任。表现为赔偿损失、经济补偿、补缴保险费、强制继续履行合同、停止侵权行为、提供安全卫生条件等多种形式。

(二)违反劳动法的行政责任

违反劳动法的行政责任是违法行为人依法应当承担的,由有关行政机关或违法行为人所在单位以行政处罚或纪律处分的方式予以追究的法律责任。其主要表现形式是行政处罚和纪律处分。

(三)违反劳动法的刑事责任

违反劳动法的刑事责任是犯罪主体依据刑法规定必须承受刑事处罚的一种法律责任。凡是违反劳动法的严重程度达到触犯刑法、构成犯罪的行为,都必须由司法机关依法追究刑事责任,如恶意欠薪罪。

任务六 税法

一、税收和税法的概念

税收是国家为实现其职能，依照法律规定的标准强制地、无偿地征收货币或实物的经济行政活动，是国家参与社会产品和国民收入分配和再分配的一种主要手段。税收的特征在于其强制性、无偿性和固定性。

税收在我国具有组织财政收入、均衡分配、调节经济、强化监督等作用。它是国家财政收入的主要来源，是正确处理国家与企业、集体、个人分配关系的重要手段，也是国家进行宏观调控的一个重要手段。

税法是国家调整税收关系的法律规范的总称。我国的税法包括全国人民代表大会及其常务委员会制定的税收法律、国务院制定的税收法规和财政部、海关总署制定的规章。

二、税法的构成要素

我国税法由下列要素构成：纳税义务人；征税对象；税目；税率；纳税环节；纳税期限、地点和方式；减免税；违章处理等。

纳税义务人是指谁纳税。征税对象是指对什么东西征税。税目是指征税的范围。税率是指征税的尺度，包括比例税率、定额税率和累进税率。纳税环节是指征税在生产、批发、零售等哪个环节缴纳。纳税期限是指税务机关规定的纳税人缴纳税款的期限。减免税是指对某些纳税人和征税对象给予照顾的一些特殊规定。违章处理是指对违反税法的行为所采取的处罚措施。

三、现行税收种类

随着改革的深化，特别是实行市场经济以后，我国进一步进行了税制改革，其指导思想是统一税法、公平税负、简化税制、合理分权、理顺分配关系、规范分配方式、保障财政收入。

1993 年底税制改革完成以后，我国的税收有以下 5 类共 25 种税：

（1）对流转额的征税，即根据商品或劳务买卖的流转额所征收的税，包括增值税、消费税、营业税和关税等。

（2）对收益额的征税，这是以纳税人的纯收益为征税对象的税收。包括企业所得税、外商投资企业和外国企业所得税、个人所得税、农（牧）业税等四种。

（3）对财产的征税，即对拥有应纳税财产的人征收的税。包括房产税、契税、车船使用税、土地增值税等。

（4）对行为的征税，即对某些特定行为的征税。包括印花税、城市维护建设税等。

（5）对资源的征税，即对开发、使用我国资源的单位和个人，就各地的资源结构和开发、销售条件差别所形成的级差收入征收的税。目前包括资源税、耕地占用税、城镇土地使用税等。

四、税收的征收管理

为了加强税收征收管理，保障国家税收收入，保护纳税人的合法权益，1992 年 9 月全国人大常委会制定了《中华人民共和国税收征收管理法》（以下简称《税收征收管理法》），1995 年 2 月 28 日和 2001 年 4 月 28 日进行了修改。

税收征收管理，是指税务机关依据税法规定的有关税务登记、账簿凭证管理、税款征收、税务检查等活动。它是国家行使征税权力，指导、监督纳税人正确履行纳税义务，对日常税收活动进行组织、管理、监督、检查的基本措施。

《税收征收管理法》是规定税务管理、税款征收、税务检查以及违反税法的法律责任的法律。《税收征收管理法》的制定和实施，对于健全税收法制，严肃纳税纪律，保证财政收入，有着重要意义。

任务七 自然资源法

一、自然资源概述

（一）自然资源的概念和特性

自然资源指在一定的技术经济条件下，自然界中对人类有用的一切物质和能量，如土地、水流、草原、矿藏、森林、野生动植物、海洋等。自然资源有如下特性：

（1）自然资源具有赋存的天然性。当今世界各国的自然资源赋存状况是地球经过亿万年天然形成的。一国自然资源的丰富还是贫瘠与人力无关，取决于地质条件。

（2）自然资源开发利用的社会性。自然资源的开发利用与人的需求息息相关。正是随着人类经济社会的发展，人类对于自然资源的需求增加了，自然资源的开发利用程度和水平才随之提高。近现代以来技术的提高，使得人类对自然资源实现了规模化开发和利用。自然资源开发利用的效率高低，也与一国的经济水平以及社会经济制度有着直接关系。

（3）自然资源具有稀缺性。稀缺是经济学上的一个基本概念，指的是相对于需求而言，很多资源都是稀缺的。自然资源更是如此，相对于人类需求的无限性而言，任何自然资源在数量上都是有限的。

（4）自然资源具有整体性。各种自然资源之间赋存相连，共同构成流动、互相影响和联系的生态体系。每个地区的自然资源要素彼此具有生态上的联系，形成一个有机的整体，改变其中任何一个要素，都可能引起一连串的连锁反应，从而影响到整个自然资源系统的变化。

（5）自然资源的分布具有不平衡性。首先，自然资源在区域上分布不平衡，存在数量或质量上的显著地域差异，并有其特殊分布规律。其次，自然资源的数量或质量在时间上也存在着多重差异。

（6）用途的多样性。任何一种自然资源都有多种用途，同一资源可以作为不同生产过程的投入因素，不同的行业亦可对同一种资源存在着投入需求。

（二）自然资源的种类

根据不同的标准和依据，自然资源可以分为不同的种类。

（1）按赋存条件，可分为地下资源和地表资源。地下资源赋存在地面以下，需要通过挖掘、钻井等方式开发出来，如石油。地表资源赋存于地面或地面之上，相对而言开发难度较小，如露天煤矿资源。

（2）按资源的客观消耗动态，可分为存量资源和流量资源。存量分析和流量分析是经济学中广泛使用的分析方法。自然资源的存量，是指一定的经济技术水平下可以被利用的资源储量；流量是指一定时期内的资源流入量和流出量。将存量和流量的分析方法运用到自然资源的分类中，能够更科学地反映出自然资源的开发利用程度。

（3）按可否再生，可分为可再生资源、不可再生资源和恒定资源。可再生资源可分为生物资源和非生物资源，是指在一定时期内消耗后可以再恢复的资源。不可再生资源指长期内不具有生长能力的非生物性矿产储量。恒定资源是在自然界中大量存在，无论如何使用其总量也不会减少且无污染或少污染的资源，如太阳能、风能等。

二、自然资源的立法

自然资源法是指调整人们在自然资源开发利用、保护和管理过程中发生的各种社会关系的法律规范的总称。我国自古代开始即有了自然资源立法传统。古代自然哲学思想，对统治者自然资源保护策略有重大影响。1975 年考古人员在湖北云梦县睡虎地 11 号秦墓中发现了一批秦代竹简，其中在《秦律十八种》之中有一种原题为《田律》的秦简。

《田律》的主要内容是农业生产方面的，其中关于对生物资源保护的规定体现了“以时禁发”的原则。据研究，先秦处于萌芽状态的生态学思想和保护生物资源的理论对这些规定有着深刻影响。

新中国成立后，我国一直都非常重视自然资源方面的立法。《宪法》首先规定了矿藏、水流以及由法律规定为国有的森林、荒地和其他资源，都属于全民所有，从而确定了自然资源的所有权制度。在自然资源管理立法方面，国家较为重视对水土保持、森林保护、矿产资源保护等方面的行政管理，并制定了若干纲要和条例。如 1951 年公布了第一部矿产资源法规《中华人民共和国矿业暂行条例》；1953 年颁布了《国家建设征用土地办法》；1957 年颁布了《中华人民共和国水土保持暂行纲要》；1965 年颁布了《矿产资源保护试行条例》等。

进入 20 世纪 80 年代以来，我国陆续颁布了数部自然资源立法，之后又先后进行了修改。至此，我国的自然资源立法体系基本形成。目前，我国的自然资源主要立法有土地资源保护法、水资源保护法、矿产资源法、海洋资源保护法、渔业资源保护法、森林资源保护法、草原资源保护法等。

三、自然资源法的基本原则和基本制度

虽然自然资源法与环境法同属环境资源法体系，在理念、目的等方面存在着共通处，但是自然资源法还有属于自身特点的基本原则和基本制度。

（一）自然资源法的基本原则

1. 重要自然资源公有制原则

我国实行重要的自然资源公有制的原则。自然资源公有制有两种：全民所有制和集

体所有制。

全民所有制。根据法律规定，矿藏、水流、森林、山岭、草原、荒地、滩涂等自然资源，都属于国家所有，即全民所有。城市的土地属于国家所有。野生动物资源属于国家所有。

集体所有制。根据法律规定，少数自然资源可以由法律规定集体所有，如森林、山岭、草原、荒地、滩涂。农村和城市郊区的土地，除由法律规定属于国家所有的以外，属于集体所有；宅基地和自留地、自留山，属于集体所有。

2.合理分配自然资源经济利益原则

为充分调动和发挥国家、集体与个人三者对资源保护、开发与利用的积极性、主动性和创造性，保障三者的合法权益，应当通过多种经济形式和多种经营方式来开发利用自然资源。中国自然资源法律和有关民事立法对自然资源的所有权与其生产经营权规定采取“两权分离”的方法，对自然资源在所有权、使用权和经营管理权诸方面予以了明确的规定。

3.合理利用、综合利用与循环利用原则

在自然资源的合理利用和保护方面，我国《宪法》规定，国家保障自然资源的合理利用，禁止任何组织或者个人用任何手段侵占或者破坏自然资源。

在开发利用自然资源的过程中最大限度地利用自然资源的各种用途，即综合利用。通过回收的方式对利用后的自然资源实行再利用，即循环利用。综合利用与循环利用可以消除或减少自然资源或能源因未能充分利用而造成的浪费和对环境的污染，保障自然资源给人类带来的最大的经济效益与环境效益。

4.因时因地制宜原则

自然资源的开发利用应当与特定时间、特定地域生态系统的结构和功能相适应。各地域环境条件的不同，导致生态系统的结构及其功能也不相同，并且这些生态系统也会随时间的变化而改变。对于自然资源的开发利用必须适合地域生态系统的特点以及自然资源随之发生的周期性变化。

（二）自然资源法的基本制度

1.自然资源权属制度

自然资源权属制度是关于自然资源归谁所有、使用以及由此产生的法律后果由谁承担的法律规范的系统。

自然资源所有权。所有人依法独占自然资源，并表现为占有、使用、收益、处分等四种权能。自然资源的所有权分为国家所有权、集体所有权和个人所有权三种。我国并没有完整意义的个人所有权，只存在某自然资源个别部分的个人所有权。

自然资源使用权。单位和个人依法对国家或集体所有的自然资源进行实际使用并取得相应利益的权利。我国自然资源使用权有不同的划分方式：按种类，有土地资源使用权、草原资源使用权等；按归属，有国有自然资源使用权和集体国有资源使用权等；按付费否，分为有偿使用权和无偿使用权；按期限，分为有期限使用权和无期限使用权。

2.自然资源规划制度

自然资源规划制度，是指根据一个国家或地区自然资源本身的特点以及国民经济发展的要求，在一定规划期内对管辖区域内各类自然资源的开发、利用、保护、恢复和管理所做的总体安排。自然资源规划由各资源主管部门根据资源现状，会同其他部门起草草案，征求意见，报同级人民政府批准，有的需要报本级人大或上级人民政府批准。

3.自然资源调查制度

自然资源调查制度，是指由法定机构对一个国家或地区的自然资源的分布、数量、质量和开发利用条件等进行全面的考察、分析等项工作的总称。自然资源调查必须按规定的程序和方法进行，成果要报送和建档，并按规定保密。

4.自然资源档案制度

自然资源档案制度，是指对自然资源调查所获资料、成果按一定方式进行汇集、整理、立卷归档并集中保管等各种工作的总称。自然资源档案制度一般规定自然资源档案的种类、级别、适用对象、内容、范围、资料更新时间、查阅和借阅方法、保管技术和设施与设备、保管机构及其管理要求。

5.自然资源许可制度

自然资源许可制度是指，在从事开发利用自然资源的活动之前必须向有关管理机关提出申请，经审查批准发给许可证后方可进行该活动的一整套管理措施。自然资源许可制度是自然资源行政许可的法律化，是管理机关进行自然资源保护监督管理的重要手段。自然资源许可制度一般规定许可证的申请、审核、决定、中止或吊销等一整套程序和手续等内容。

自然资源许可证有不同种类：资源开发许可证，如林木采伐许可证、采矿许可证、捕捞许可证等；资源利用许可证，如土地使用证、草原使用证；资源进出口许可证，如野生动植物进出口许可证等。我国已确定的自然资源许可证包括：土地资源的土地使用权证；矿产资源的勘查许可证、采矿许可证；水资源的取水许可证；草原资源的草原使用权证；森林资源的林木采伐许可证、木材运输证；渔业资源的养殖使用证、捕捞许可证；野生动物资源的特许猎捕证、狩猎证、驯养繁殖许可证、允许进出口证明书；野生植物资源的采集证、允许进出口证明书等。

6. 自然资源有偿使用制度

自然资源有偿使用制度，是指国家以自然资源所有者和管理者的双重身份，为实现所有者权益、保障自然资源的可持续利用，向使用自然资源的单位和个人收取自然资源使用费的制度。目前，法律规定了土地资源、矿产资源、水资源等自然资源的有偿使用制度。自然资源有偿使用制度的确立实现了自然资源从无价到有偿的使用，使得国家权益得到体现，也有利于为开发新的资源筹集资金，进而促进自然资源的合理开发和可持续利用。自然资源有偿使用一般是通过税和费的形式实现的。

项目 6 诉讼法

任务一 诉讼法概述

一、诉讼法的概念和种类

（一）诉讼的概念和种类

“诉讼”一词来源于拉丁文。诉，告诉；讼，争辩是非曲直。顾名思义，有了纠纷向法院告诉，以争辩是非曲直，这就是诉讼，俗称“打官司”。它是国家行使司法审判权的一种专门活动，是国家司法机关在当事人和其他诉讼参与人的参加下，为解决纠纷或处理案件所进行的各种活动。诉讼有广义和狭义之分：狭义的诉讼仅指起诉和审判活动，广义的诉讼则包括执行在内。

根据诉讼解决的实体问题、案件的性质及诉讼形式的不同，诉讼可分为三种。

1. 刑事诉讼

刑事诉讼是指公安机关、人民检察院和人民法院在当事人及其他诉讼参与人的参加下，依法处理刑事案件即依法揭露犯罪、证实犯罪和惩罚犯罪的活动，俗称“官告民”。

2. 民事诉讼

民事诉讼是指人民法院在当事人及其他诉讼参与人的参加下，审理和解决民事、经济纠纷案件的活动，俗称“民告民”。

3. 行政诉讼

行政诉讼是指人民法院在当事人及其他诉讼参与人的参加下，审理国家行政机关所作的具体行政行为是否合法的活动，俗称“民告官”。

（二）诉讼法的概念和分类

诉讼法亦称程序法，是国家制定的如何进行诉讼活动以及调整由此而产生的各种诉讼关系的法律规范的总称。诉讼法有广义和狭义之分：狭义的诉讼法仅指国家现行的诉讼法典，而广义的诉讼法则包括各种法律文件中有关诉讼程序的法律规范。

与诉讼的种类相适应，诉讼法可分为刑事诉讼法、民事诉讼法和行政诉讼法。这三大诉讼法构成了我国诉讼法的完整体系。三大诉讼法在基本原则、审判组织、诉讼制度和程序等方面的规定上有许多共同或相通之处，尤其是民事诉讼法和行政诉讼法相通或近似的地方更多，但它们毕竟分属于不同的独立法律部门，调整着不同的诉讼活动及由此产生的不同的诉讼关系，因而在很多方面存在着明显的差异。这在以下各部分的内容中将陆续涉及，请注意比较和归纳。

二、诉讼法的任务

我国三大诉讼法的任务是不一样的。

（一）民事诉讼法的任务

根据 1991 年 4 月 9 日第七届全国人民代表大会第四次会议通过并于同日公布施行的《中华人民共和国民事诉讼法》第 2 条规定，我国民事诉讼法的任务是：

保护当事人行使诉讼权利。

保证人民法院查明事实，分清是非，正确适用法律，及时审理民事案件，确认民事权利义务关系，制裁民事违法行为，保护当事人的合法权益。

教育公民自觉遵守法律。

维护社会秩序、经济秩序，保障社会主义建设事业的顺利进行。

（二）行政诉讼法的任务

根据 1989 年 4 月 4 日第七届全国人民代表大会第二次会议通过，于同日公布，并于 1990 年 10 月 1 日起施行的《中华人民共和国行政诉讼法》第 1 条规定，我国行政诉讼法的任务是：

保证人民法院正确、及时审理行政案件。

保护公民、法人和其他组织的合法权益。

维护和监督行政机关依法行使行政职权。

（三）刑事诉讼法的任务

根据1979年7月1日第五届全国人民代表大会第二次会议通过，并经1996年3月17日第八届全国人民代表大会第四次会议修订，于1997年1月1日起施行的《中华人民共和国刑事诉讼法》第2条规定，我国刑事诉讼法的任务是：

保证准确、及时地查明犯罪事实，正确应用法律，惩罚犯罪分子，保障无罪的人不受刑事追究。

教育公民自觉遵守法律，积极同犯罪分子做斗争，以维护社会主义法制，保护公民的人身权利、财产权利、民主权利和其他权利，保障社会主义建设事业的顺利进行。

三、诉讼法的基本原则

诉讼法的基本原则，是指贯穿于整个诉讼程序之中，指导司法机关和诉讼参与人进行诉讼活动的基本准则。我国三大诉讼法有许多共同的基本原则，又有各自特有的基本原则。

诉讼法共有的基本原则即适用各种诉讼的基本原则。主要包括：

（1）司法机关依法独立行使职权。这一原则包含两层含义：①司法机关依照法律规定独立享有并行使司法职权，不受行政机关、社会团体和个人的干涉；②司法机关内部各机关必须明确分工，各司其职，不能职责不分或职权相互替代。

（2）以事实为根据，以法律为准绳。以事实为根据，是指人民法院在审理案件时，必须查明案件的客观事实，并以查证属实的事实作为定案的根据，而不能以主观想象、推测为依据；以法律为准绳，是指人民法院在查明案件事实的基础上，严格依法律规定办事，以法律作为唯一标准，判断当事人之间的是非对错。以事实为根据，以法律为准绳，两者紧密联系。以事实为根据，是正确审理案件的基础；以法律为准绳，是正确处理案件的标准和结果。只有两者结合起来，才能正确解决各种纠纷。

（3）公民在适用法律上一律平等。这一原则是指司法机关在进行诉讼时，对所有诉讼当事人，不分民族、种族、性别、年龄、职业、社会出身、文化、财产等差别，不论当事人是单位还是个人，在适用法律上一律平等，不偏袒、不歧视，其合法权益一视同仁受到保护，其违法行为同样受到法律制裁，不允许任何人有超越法律的特权。

（4）使用本民族语言文字进行诉讼。在少数民族聚居或多民族杂居的地区，应当使用当地民族通用的语言文字进行讯问、审理和发布法律文书；对不通晓当地通用语言文字的诉讼参与人，司法机关应免费为其提供翻译。

（5）人民检察院对诉讼进行法律监督。人民检察院作为《宪法》规定的法律监督机关，有权对诉讼实行法律监督。人民检察院对于刑事诉讼的监督是一种主动的、积极的同步监督，包括对侦查、审判、执行等多方面的监督；而对民事诉讼和行政诉讼的监督则表现为被动的、消极的事后监督；当发现人民法院已经生效的民事、行政判决确有错误时，可以依照审判监督程序提出抗诉。

（6）国家主权原则。对外国人犯罪应当追究刑事责任及外国人在我国领域内进行民事诉讼和行政诉讼，均适用我国诉讼法。

四、诉讼证据

（一）诉讼证据的概念和特征

诉讼证据，是指能够在诉讼中证明案件真实情况的客观事实。它有以下三个基本特征:

（1）客观性。证据必须是客观存在的事实，任何主观臆测和虚假材料都不能成为诉讼证据。

（2）关联性。证据必须与特定的案件有内在的必然联系，与该案件没有关联的事实不能成为诉讼证据。

（3）合法性。证据必须符合法律要求的形式，并按法定程序收集、提供和运用。不符合法定形式要求、违反法定程序取得的材料，不能作为诉讼证据，如私自安装摄像探头取得的录像资料不得作为证据。

（二）诉讼证据的种类及三大诉讼法共有的证据

1. 诉讼证据的种类

我国的诉讼法是根据证据的表现形式来对证据进行分类的。三大诉讼法的证据种类既有相同之处，又有所区别。《中华人民共和国民事诉讼法》（以下简称《民事诉讼法》）规定的证据有七种：书证；物证；视听资料；证人证言；当事人的陈述；鉴定结论；勘验笔录。《中华人民共和国行政诉讼法》（以下简称《行政诉讼法》）规定的证据种类与《民事诉讼法》（以下简称《刑事诉讼法》）的规定基本相同，唯一的区别是在第 7 种证据中增加了“现场笔录”。《刑事诉讼法》规定的证据也有七种：物证、书证；证人证言；被害人陈述；犯罪嫌疑人、被告人供述和辩解；鉴定结论；勘验、检查笔录；视听资料。

2. 三大诉讼法共有的几种证据

（1）物证。物证是能证明案件真实情况的物品和痕迹。它的特点是以其外部特征和所处的位置反映一定的案情。如血迹、精斑、刀具、指纹等。

（2）书证。书证是能证明案件真实情况的书面材料。这种材料一般都是使用文字，但也可能是符号和图画，它以其记载的内容证明案件事实。如同样是一个本子，上面沾有血迹是物证，里面记载的内容、符号则为书证（如日记）。

（3）证人证言。证人是陈述所了解的案情的人。证人陈述的内容就是证言。除不能正确表达意思的人以外，凡是知道案情的人都有作证的法律义务。这意味着哪怕是一个孩子，只要他能正确表达自己的意思，将所听到的、见到的正确表达出来，也可作为证据。

（4）鉴定结论。鉴定结论是指经司法机关指派或聘请的有专门知识的人，对诉讼中需要解决的专门性问题经过科学鉴定后所作出的结论。诉讼中常见的鉴定有：法医学鉴定、司法精神病鉴定、书法鉴定（也称笔迹鉴定）、痕迹鉴定、化学鉴定、会计鉴定等。鉴定结论是非常重要的证据。

（5）勘验（检查）笔录。勘验（检查）笔录是指侦查人员依法对与犯罪有关的场所、物品、人身、尸体等进行勘验或者检查，审判人员对与争议有关的现场和物品等进行勘验、检查所做的笔录。它是在诉讼过程中由侦查、审判人员制作的诉讼文书，不同于一般的书证，是一种独立的证据。

（6）视听资料。视听资料是指将可以重现案件原始声响、形象的录音、录像资料和储存于电子计算机的有关资料及其他科技设备提供的信息，用来证明案件真实情况的证据。

（7）现场笔录。它是行政机关及其工作人员在实施具体行政行为时，对有关事项当场所作出的能够证明案件真实情况的书面记录。由于现场笔录是在实施具体行政行为时形成的，所以不应该在事后或诉讼过程中向原告和证人收集。

（三）诉讼证据的提供与收集

1. 举证责任

举证责任是指在诉讼中由谁来提供、收集和运用证据证明案件事实的责任，它意味着负有举证责任的一方如果收集不到或提供不出相应的证据对案件的事实加以证明时，要承担败诉的风险。我国三大诉讼法对举证责任的规定是不一样的。

《民事诉讼法》第64条第1款规定：“当事人对自己提出的主张，有责任提供证据。”即“谁主张谁举证”。原告应负责提供证据来证明自己的诉讼请求，被告应负责提供反驳原告诉讼请求的证据以及证明自己反诉的证据，第三人也对自己的主张负有提供证据加以证明的责任。在法律有特别规定的情形下，会出现举证责任的倒置，即由对方当事人承担举证责任。如因医疗行为引起的侵权诉讼，由医疗机构就医疗行为与损害结果之间不存在因果关系及不存在医疗过错承担举证责任。

《行政诉讼法》第32条第1款规定："被告对作出的具体行政行为负有举证责任，应当提供作出该具体行政行为的证据和所依据的规范性文件。"即"被告负举证责任"。《行政诉讼法》第34条规定："人民法院有权要求当事人提供或者补充证据。"即作为当事人一方的原告，也有义务根据法院的要求提供或者补充证据。

根据《刑事诉讼法》第12条、162条和171条规定：公安机关、检察机关和自诉人应当承担证明被告人有罪的举证责任。被告人应如实陈述，但不承担提供证据证明自己有罪或无罪的责任。

2. 证据的收集

司法人员在职权范围内，依照法定程序，采取有效方法，广泛收集证据，是诉讼活动的主要内容。

《刑事诉讼法》第43条规定：审判人员、检察人员、侦查人员必须依照法定程序，收集能够证实犯罪嫌疑人、被告人有罪或者无罪、犯罪情节轻重的各种证据。

《民事诉讼法》第64条第2款规定：当事人及其诉讼代理人因客观原因不能自行收集的证据，或者人民法院认为审理案件需要的证据，人民法院应当调查收集。

三大诉讼法都规定：司法机关有权向有关单位和个人调取证据，任何单位和个人都不得拒绝。

从以上可看出：刑事诉讼的证据主要靠司法人员收集；民事诉讼和行政诉讼中，当事人虽然有举证责任，但人民法院也要积极主动地收集证据。比如民事诉讼中有关相邻权的诉讼案件，法院的审判人员一般都会亲自去现场勘查取证。

（四）证据保全

证据保全是指在民事诉讼和行政诉讼中，在证据有可能灭失或者以后难以取得的情况下，人民法院根据诉讼参与人的请求或依职权采取一定措施，对证据加以固定和保护的制度。

证据保全分为两类：一类是诉讼证据保全，即在民事、行政诉讼开始或进行中，由人民法院采取措施，对证据加以保全，这是比较常见的；另一类是诉前证据保全，主要由公证机关进行保全，也有在起诉前向人民法院申请证据保全的，人民法院认为须采取保全措施的，就通知申请人于一定期间内起诉。

任务二 民事诉讼法

一、民事诉讼法的概念

民事诉讼法，是指国家制定的调整民事诉讼活动、规范民事诉讼关系的法律规范的总和。

民事诉讼法有狭义和广义之分。狭义的民事诉讼法，又称形式意义上的民事诉讼法，是指国家颁布的关于民事诉讼的专门性法律。我国没有制定民事诉讼法典，现行狭义的民事诉讼法特指 1991 年 4 月 9 日第七届全国人民代表大会第四次会议通过的《民事诉讼法》。迄今为止，该法经过三次修改：根据 2007 年 10 月 28 日第十届全国人民代表大会常务委员会第三十次会议《关于修改〈中华人民共和国民事诉讼法〉的决定》第一次修正，根据 2012 年 8 月 31 日第十一届全国人民代表大会常务委员会第二十八次会议《关于修改〈中华人民共和国民事诉讼法〉的决定》第二次修正，根据 2017 年 6 月 27 日第十二届全国人民代表大会常务委员会第二十八次会议《关于修改〈中华人民共和国民事诉讼法〉和〈中华人民共和国行政诉讼法〉的决定》第三次修正。广义的民事诉讼法，除《民事诉讼法》外还包括宪法和其他法律中有关民事诉讼的规定。例如，《中华人民共和国宪法》第 130 条规定："人民法院审理案件，除法律规定的特别情况外，一律公开进行……"。这是有关公开审判的宪法性规范。广义的民事诉讼法还包括最高人民法院关于民事诉讼的司法解释，如《最高人民法院关于适用〈中华人民共和国民事诉讼法〉的解释》（以下简称《民诉法司法解释》）、《最高人民法院关于适用〈中华人民共和国民事诉讼法〉若干问题的意见》（以下简称《民诉法适用意见》）、《最高人民法院关于民事诉讼证据的若干规定》（以下简称《民事证据规定》）《最高人民法院关于适用〈中华人民共和国民事诉讼法〉执行程序若干问题的解释》（以下简称《执行问题解释》）等，这些司法解释是我们学习民事诉讼法的重点内容之一。

二、民事诉讼法的任务

民事诉讼法的任务，是指国家设立民事诉讼制度所期望达到的目标，它是制定民事诉讼法的原则、制度和程序的直接依据。

《民事诉讼法》第2条明确规定了我国民事诉讼法的任务："中华人民共和国民事诉讼法的任务，是保护当事人行使诉讼权利，保证人民法院查明事实，分清是非，正确适用法律，及时审理民事案件，确认民事权利义务关系，制裁民事违法行为，保护当事人的合法权益，教育公民自觉遵守法律，维护社会秩序、经济秩序，保障社会主义建设事业顺利进行。"对于这一规定，我们可以从以下四个方面理解：

（一）保护当事人行使诉讼权利

当事人的诉讼权利不仅是其寻求司法救济的依据，而且是其在诉讼中享有主体地位的依据。诉讼权利的有无、多少，直接关系到当事人民事实体权利得到保护的程度。我国民事诉讼法将保护当事人行使诉讼权利放在任务的首位，表明了立法者对当事人诉讼权利的重视。在立法层面上，民事诉讼的原则、制度和程序应该以保护当事人诉讼权利为首要价值；在司法层面上，人民法院应该保障和便利当事人行使诉讼权利。司法实践中限制，甚至取消当事人诉讼权利的做法，不仅违反了民事诉讼法律规范，而且从根本上违背了民事诉讼法的任务。

（二）保证人民法院查明事实，分清是非，正确适用法律，及时审理民事案件

民事诉讼法在保护当事人行使诉讼权利的同时，保证人民法院要正确、合法、及时地审理民事案件。保护与保证的含义不同，保护的对象是权利，而保证的对象多为义务或者职责。具体来讲，民事诉讼法要在三个方面规范、促进人民法院的审判工作：

1. 查明事实，分清是非

人民法院首先要查明事实。案件事实是过去发生的事情，审判人员对此并不了解。在民事诉讼中，查明事实的唯一依据是民事诉讼法中有关证据的法律规范，即证据规则；除了无须证明的事实以外，当事人的主张必须得有证据证明，并经查证属实后才能作为认定案件事实的依据。在查明事实的前提下，人民法院应当分清是非，即分清谁是权利的享有者，谁是义务的承担者，谁实施了违反法律和义务的行为。显然，分清是非的依据主要是民事实体法。

2. 正确适用法律

正确适用法律，是指人民法院在查明事实、分清是非的基础上，正确地适用民事实体法的有关规定，作为解决纠纷的准绳。民事诉讼法所规定的原则、制度和程序能够保证人民法院正确适用实体法。例如，民事诉讼法规定的合议制，有利于发挥集体智慧，以正确地理解、适用民事实体法。

3. 及时审理民事案件

及时审理民事案件是对人民法院审判工作在效率上的一种要求，即要求人民法院在法律规定的期限内进行审判活动，以避免给当事人造成讼累。例如，人民法院适用简易程序审理案件，应当在立案之日起 3 个月内审结。

（三）确认民事权利义务关系，制裁民事违法行为，保护当事人的合法权益

这个任务是民事诉讼法在保护当事人实体权利方面的任务，与前两个任务密切相关。没有第一个任务，民事纠纷就得不到司法保护；没有第二个任务，民事案件就得不到正确、合法、及时的审理。人民法院在审理民事案件之后，最终应以判决的形式确认当事人之间的民事权利义务关系，同时判决违法者承担民事责任。通过民事判决当事人的合法权益就得到了第一次保护。判决生效之后，如果义务人仍不履行义务，人民法院可对义务人进行强制执行，这是对当事人合法权益的第二次保护。

（四）教育公民自觉遵守法律，维护社会秩序、经济秩序，保障社会主义建设事业顺利进行

与前三个任务不同，第四个任务是社会任务，即民事诉讼以外的任务。我国是社会主义国家，民事诉讼立法在保护当事人权利和保证人民法院审判的同时，还应肩负社会职能。这些社会任务包括：其一是教育任务，即通过民事司法活动，教育公民自觉遵守法律，预防民事纠纷的发生；其二是通过民事审判活动，确认民事权利义务，制裁民事违法行为，消除不和谐的因素，维护社会秩序和经济秩序；其三是保障社会主义建设事业的顺利进行，这是民事诉讼法的最高任务。

三、民事诉讼法的效力

民事诉讼法的效力，也称民事诉讼法的适用范围。明确民事诉讼法的效力，是正确适用民事诉讼法的首要问题。

（一）对事效力

民事诉讼法的对事效力，是指民事诉讼法对哪些案件有效，即人民法院依照民事诉讼法受理案件的范围。依据《民事诉讼法》第 3 条及其他相关法律，人民法院依照民事诉讼法受理以下两大类案件：一是公民之间、法人之间、其他组织之间以及他们相互之间因财产关系和人身关系提起的民事诉讼；二是法律规定适用民事诉讼法审理的其他案

件，如选民资格案件。

（二）对人效力

民事诉讼法的对人效力，是指民事诉讼法对哪些人有效。根据《民事诉讼法》第 4 条，凡在中华人民共和国领域内进行民事诉讼，必须遵守本法。这条规定说明，民事诉讼法不仅对中国公民、法人和其他组织有效，也对在中国进行诉讼的外国人、无国籍人、外国企业和组织有效。

（三）空间效力

民事诉讼法的空间效力，是指民事诉讼法在什么空间范围内有效。根据《民事诉讼法》第 4 条，凡是在我国领域内所发生的民事诉讼，都须遵守本法。这条法律规范体现了国家主权原则。

我国是全国各族人民共同缔造的统一的多民族国家，民事诉讼法在我国领域内有效，并不否定在民族自治地方可以对民事诉讼法进行变通或者补充规定。《民事诉讼法》第 16 条规定："民族自治地方的人民代表大会根据宪法和本法的原则，结合当地民族的具体情况，可以制定变通或者补充的规定。自治区的规定，报全国人民代表大会常务委员会批准。自治州、自治县的规定，报省或者自治区的人民代表大会常务委员会批准，并报全国人民代表大会常务委员会备案。"

（四）时间效力

民事诉讼法的时间效力，是指民事诉讼法在什么时间范围内有效。我国《民事诉讼法》自 1991 年 4 月 9 日起施行，1991 年 4 月 9 日以后，人民法院、当事人和其他诉讼参与人应依据现行《民事诉讼法》进行民事诉讼。所以，不论一个民事纠纷是否发生在 1991 年 4 月 9 日以前，还是案件的受理是否在 1991 年 4 月 9 日之前，只要是 1991 年 4 月 9 日之后进行的民事诉讼，其依据只能是现行的《民事诉讼法》。

任务三 行政诉讼法

一、行政诉讼受案范围和管辖

（一）行政诉讼的受案范围

行政诉讼的受案范围，是指根据法律规定，人民法院可以受理哪些行政案件，或者说法律授予人民法院可以在多大范围内有权对行政机关的行政行为进行司法审查。根据世界各国通例，人民法院在行政诉讼案件受理方面是有范围限制的。我国《行政诉讼法》采取列举规定和概括规定相结合的办法，规定了人民法院受理行政案件的范围和不受理的行政案件种类。

根据我国《行政诉讼法》第 11 条规定，人民法院受理公民、法人和其他组织对下列具体行政行为不服提起的诉讼：①对拘留、罚款、吊销许可证和执照、责令停产停业、没收财务等行政处罚不服的。②对限制人身自由或者对财产的查封、扣押、冻结等行政强制措施不服的。③认为行政机关侵犯法律规定的经营自主权的。④认为符合法定条件申请行政机关颁发许可证和执照，行政机关拒绝颁发或者不予答复的。⑤申请行政机关履行保护人身权、财产权的法定职责，行政机关拒绝履行或者不予答复的。⑥认为行政机关没有依法发给抚恤金的。⑦认为行政机关违法要求履行义务的。⑧认为行政机关侵犯其他人身权、财产权的。

根据我国《行政诉讼法》第 12 条规定，人民法院不受理公民、法人或者其他组织对下列事项提起的诉讼：①国防、外交等国家行为。②行政法规、规章或者行政机关制定、发布的具有普遍约束力的决定、命令。③行政机关对行政机关工作人员的奖惩、任免等决定。④法律规定由行政机关最终裁决的具体行政行为。

（二）行政诉讼的管辖

行政诉讼的管辖，是指人民法院系统内部在受理第一审行政案件上的权限分工。它同民事诉讼的管辖一样，也分为级别管辖和地域管辖。

1. 级别管辖

基层人民法院管辖除法律规定由上级人民法院管辖以外的第一审行政案件。

中级人民法院管辖下列第一审行政案件：确认发明专利权的案件、海关处理的案件，对国务院各部门或者省、自治区、直辖市人民政府所作的具体行政行为提起诉讼的案件以及本辖区内重大、复杂的案件。

高级人民法院管辖本辖区内重大、复杂的第一审行政案件。

最高人民法院管辖全国范围内重大、复杂的第一审行政案件。

2. 地域管辖

我国《行政诉讼法》规定的地域管辖，分为一般地域管辖和特殊地域管辖。

一般地域管辖。它是指根据作出具体行政行为的行政机关所在地来确定行政案件的管辖法院，是对地域管辖的原则性规定，解决除特殊情况外同级人民法院之间在受理第一审行政案件上的权限分工问题。行政案件由最初作出具体行政行为的行政机关所在地人民法院管辖；经复议的案件，复议机关改变原具体行政行为的，也可由复议机关所在地人民法院管辖。

特殊地域管辖。它是指根据特殊行政法律关系来确定行政案件的管辖法院。特殊地域管辖有两种情况：①对限制人身自由的行政强制措施不服提起的诉讼，由被告所在地或者原告所在地人民法院管辖；②因不动产提起的诉讼，由不动产所在地人民法院管辖。

《行政诉讼法》也规定了选择管辖、移送管辖和指定管辖，其内容与《民事诉讼法》的有关规定基本相同。

二、行政诉讼参加人

行政诉讼参加人包括当事人和诉讼代理人。

（一）当事人

行政诉讼中的当事人，是指因具体行政行为发生争议，以自己的名义向人民法院起诉、应诉和参加诉讼，并受人民法院判决、裁定约束的公民、法人和其他组织以及行政机关。当事人具体包括以下几种。

1. 原告

原告是指认为行政机关具体行政行为侵犯了其合法权益而以自己的名义向人民法院提起诉讼的公民、法人和其他组织。有权提起诉讼的公民死亡，其近亲属可以提起诉讼。有权提起诉讼的法人或者其他组织终止，承受其权利的法人或者其他组织可以提起诉讼。

2. 被告

被告是指被原告起诉指控侵犯其行政法上的合法权益或与之发生行政争议，而由人民法院通知应诉的行政主体。被告始终是行政主体，这是行政诉讼的一大特色。

根据我国《行政诉讼法》规定，行政诉讼的被告可能有六种情况：①公民、法人或者其他组织直接向人民法院提起诉讼的，作出具体行政行为的行政机关是被告。②经复议的案件、复议机关决定维持原具体行政行为的，作出原具体行政行为的行政机关是被告；复议机关改变原具体行政行为的，复议机关是被告。③两个以上的行政机关作出同一具体行政行为的，共同作出具体行政行为的行政机关是被告。④由法律法规授权的组织所作出的具体行政行为，该组织是被告。⑤由行政机关委托的组织所作出的具体行政行为，委托的行政机关是被告。⑥行政机关被撤销的，继续行使其职权的机关是被告。

3. 共同诉讼人

共同诉讼人是指当事人一方或者双方为两人以上，因同一具体行政行为发生的行政案件，或者因同样的具体行政行为发生的行政案件，人民法院认为可以合并审理的，为共同诉讼。与民事诉讼中的共同诉讼人基本相同，行政诉讼的共同诉讼人也可分为必要共同诉讼人和普通共同诉讼人。

4. 第三人

第三人是指同被提起诉讼的具体行政行为有利害关系而参加到已经开始的行政诉讼中的公民、法人或者其他组织。

（二）诉讼代理人

行政诉讼代理人是指根据法律规定或当事人授权，以被代理的当事人名义进行诉讼活动的公民。与民事诉讼代理人相同，行政诉讼代理人也可分为法定代理人、指定代理人和委托代理人。

没有诉讼行为能力的公民，由其法定代理人代为诉讼。当事人、法定代理人，可以委托1~2人代为诉讼。律师、社会团体、提起诉讼的公民的近亲属或者所在单位推荐的人，以及经人民法院许可的其他公民，可以受委托为诉讼代理人。

三、行政诉讼程序

我国行政诉讼程序分为第一审程序、第二审程序、审判监督程序、执行程序和涉外程序。

（一）第一审程序

第一审程序是指人民法院对当事人起诉的行政案件受理后进行初次审判所适用的程

序，也就是人民法院第一次对具体行政行为是否合法进行审查的程序。它是人民法院审理行政案件必经的最基本程序。它与民事诉讼中的第一审程序不同，只有普通程序，没有简易程序。

1. 行政复议与起诉

对属于人民法院受案范围的行政案件，公民、法人或者其他组织可以向上一级行政机关或者法律法规规定的行政机关申请复议；对复议不服的，再向人民法院提起诉讼，也可以直接向人民法院提起诉讼。

法律法规规定应当先向行政机关申请复议的，申请人不服复议决定的，可以在收到复议决定书之日起 15 日内向人民法院起诉。复议机关逾期不做出决定的，申请人可以在复议期满之日起 15 日内向人民法院起诉。法律另有规定的除外。如对公安机关作出的治安处罚不服的，必须在收到处罚决定书之日起 5 日内向上一级公安机关申请复议；对复议不服的，才能向人民法院提起诉讼。

当事人直接向人民法院提起诉讼的,应当在到作出具体行政行为之日起3个月内提出。法律另有规定的除外。

起诉应当符合下列条件：①原告是认为具体行政行为侵犯其合法权益的公民、法人或者其他组织。②有明确的被告。③有具体的诉讼请求和事实根据。④属于人民法院受案范围和受诉人民法院管辖。

2. 受理

人民法院接到诉状后，经审查，应在 7 日内立案或者作出裁定不予受理。原告对裁定不服的，可以在收到裁定之日起 10 日内向人民法院提起上诉。

3. 审理

人民法院审理行政案件以法律和行政法规、地方性法规为依据，参照规章。合议庭审理行政案件的步骤和程序与民事案件的第一审普通程序基本相同，但人民法院审理行政案件，不适用调解。公民、法人或者其他组织就具体行政行为侵权损害赔偿提起诉讼的，赔偿诉讼部分可以适用调解。

4. 判决

人民法院审理行政案件，可根据不同情况，作出以下判决：判决维持原告作出的具体行政行为；判决撤销或者部分撤销被告的具体行政行为，并可以判决被告重新作出具体行政行为；判决被告在一定期限内履行其法定职责；判决变更显失公正的行政处罚。

（二）第二审程序

行政诉讼的第二审程序与民事诉讼的第二审程序基本相同。所不同的是，在审理方式上，《行政诉讼法》明文规定，人民法院对上诉案件，认为事实清楚的，可以实行书面审理。

（三）审判监督程序

行政诉讼的审判监督程序与民事诉讼的审判监督程序基本相同，但《行政诉讼法》只规定当事人有申诉的权利，而没有像《民事诉讼法》那样明确规定当事人有申请再审的权利。对当事人符合法定情形的再审申请，人民法院应当再审。此外，《行政诉讼法》对审判监督程序的规定较《民事诉讼法》对此的规定要简单得多，实践中均参照《民事诉讼法》的有关规定。

（四）执行程序

《行政诉讼法》的执行程序是指人民法院或有权力的行政机关，强制义务人履行生效法律文书所确定的义务所遵循的程序。具有法定强制执行权的行政机关在充当行政案件被告角色的同时，又作为行政案件的执行组织，这是行政诉讼执行的特点之一。当然，绝大部分行政案件的强制执行权属于人民法院，《行政诉讼法》也主要是规定人民法院执行生效法律文书的问题。

行政诉讼的执行程序同民事诉讼的执行程序一样，也因当事人申请执行和审判员移送执行而引起。当事人申请执行的期限为 3 个月。人民法院对于行政机关拒绝履行判决、裁定的，可以采取划拨存款、罚款、提出司法建议予以处理等措施；对于情节严重构成犯罪的，依法追究主管人员和直接责任人员的刑事责任。

（五）涉外行政诉讼程序

涉外行政诉讼程序是指当事人一方为外国人的行政诉讼，即外国人因不服我国行政机关的具体行政行为而向法院提起的诉讼。它与涉外民事诉讼不同，仅仅是因为当事人的涉外性引起的，而涉外民事诉讼则可以因当事人涉外或诉讼标的物在外国或法律事实发生在国外而引起。当然，涉外行政诉讼程序也与涉外民事诉讼程序一样，并不是独立的、完整的诉讼程序，而是一种补充性规定。

任务四 刑事诉讼法

一、刑事案件的管辖

刑事案件的管辖是指公、检、法三机关在直接受理刑事案件范围上的分工以及人民法院系统内部在审判第一审刑事案件权限上的划分。其中前者叫职能管辖，后者叫审判管辖。

（一）职能管辖

职能管辖又叫立案管辖，是指人民法院、人民检察院和公安机关（包括国家安全机关）受理刑事案件的分工和权限。它解决某个具体的刑事案件应当由公、检、法三机关中哪一个机关首先受理的问题。根据我国《刑事诉讼法》规定，公、检、法三机关在直接受理刑事案件上的基本分工是：

（1）刑事案件的侦查由公安机关进行，法律另有规定的除外。

（2）贪污贿赂犯罪，国家工作人员的渎职犯罪，国家机关工作人员利用职权实施的非法拘禁、刑讯逼供、报复陷害、非法搜查等侵犯公民人身权利的犯罪以及侵犯公民民主权利的犯罪，由人民检察院立案侦查。对于国家工作人员利用职权实施的其他重大的犯罪案件，需要由人民检察院直接受理的，经省级以上人民检察院决定，可以由人民检察院立案侦查。

（3）自诉的刑事案件，包括告诉才处理的案件，被害人有证据证明对被告人侵犯自己人身、财产权利的行为应当依法追究刑事责任，而公安机关或人民检察院不予追究被告人刑事责任的案件，由人民法院直接受理。

（二）审判管辖

审判管辖，是指人民法院系统内部在受理第一审刑事案件上的分工和权限。审判管辖又分为级别管辖、地域管辖和专门管辖。

1. 级别管辖

级别管辖是指上下级人民法院在受理第一审刑事案件上的分工和权限。我国《刑事诉讼法》规定：

（1）基层人民法院管辖第一审普通刑事案件，但是依法由上级人民法院管辖的除外。

（2）中级人民法院管辖下列第一审普通刑事案件：危害国家安全案件、可能判处无期徒刑或死刑的普通刑事案件和外国人犯罪的案件。

（3）高级人民法院管辖本辖区的重大刑事案件。

（4）最高人民法院管辖全国范围内有影响的重大刑事案件。

2. 地域管辖

地域管辖是指同级人民法院之间在受理第一审刑事案件上的分工和权限。根据我国《刑事诉讼法》规定：刑事案件由犯罪地人民法院管辖，如果由被告居住地的人民法院审判更为适宜的，可以由被告居住地的人民法院管辖。如果几个同级人民法院都有管辖权的，由最初受理案件的人民法院审判；在必要的时候，可以移送主要犯罪地人民法院审判。

由于案件管辖不明引起几个同级人民法院对管辖权发生争议的，由共同的上级人民法院指定下级某一人民法院审判，也可以指定某一下级人民法院将案件移送其他人民法院审判。

3. 专门管辖

专门管辖，是指专门人民法院之间以及专门人民法院与普通人民法院之间在审判第一审刑事案件上的权限分工。到目前为止，我国专门法院有军事法院、铁路运输法院、森林法院和海事法院。

军事法院管辖的是现役军人和军内在编职工的刑事案件；铁路运输法院管辖的是铁路公安机关侦破的案件；森林法院管辖的是严重危害和破坏森林，违反《中华人民共和国森林法》的犯罪案件以及所辖林区职权范围内的一切刑事案件。其中海事法院不受理刑事案件。

二、刑事诉讼参与人

刑事诉讼参与人是指除了侦查、检察和审判人员以外，依照法律规定和诉讼的需要而参与到刑事诉讼活动中来的人，包括当事人和其他诉讼参与人两大类。

（一）当事人

当事人是指以自己的名义进行诉讼、与案件处理结果有直接利害关系、受司法机关处理决定约束的诉讼参与人。当事人具体包括以下几种：

1. 被害人

被害人是指遭受犯罪行为直接侵害的人，这里特指公诉案件中的刑事被害人。

2. 犯罪嫌疑人

犯罪嫌疑人是指公诉案件中被指控犯有罪行，并已被司法机关立案侦查、审查起诉，但尚未向人民法院提起公诉的人。

3. 被告人

被告人是指被指控犯罪而交付审判要求人民法院依法追究其刑事责任的人。

4. 自诉人

自诉人是指刑事自诉案件的原告人，通常是被害人或法定代理人；被害人死亡的，其近亲属有权向人民法院起诉而成为自诉人。

5. 附带民事诉讼的原告人和被告人

附带民事诉讼的原告人是指在刑事诉讼过程中要求被告人赔偿因其犯罪行为而直接遭受财产或物质损失的人。附带民事诉讼的被告人是指因犯罪行为造成财产损失而被起诉索赔的当事人，通常是刑事案件的被告人或未成年刑事被告人的法定代理人以及对刑事被告人依法负有经济赔偿责任的公民、法人或其他组织。

（二）其他诉讼参与人

其他诉讼参与人是指除了当事人以外的其他参与到刑事诉讼中的人。其他诉讼参与人具体包括以下几种：

1. 法定代理人

法定代理人是指无诉讼行为能力的当事人的监护人或负有监护责任的机关的代表。

2. 诉讼代理人

诉讼代理人是指公诉案件的被害人及其法定代理人或者近亲属、自诉案件的自诉人及其法定代理人委托代为参加诉讼的人和附带民事诉讼的当事人及其法定代理人委托代为参加诉讼的人。

3. 辩护人

辩护人是指受犯罪嫌疑人、被告人委托或人民法院指定而为犯罪嫌疑人、被告人进行辩护，维护其合法权益的人。

4. 证人

证人是指除了当事人以外的了解案件情况并向司法机关作证的人。

5. 鉴定人

鉴定人是指接受公、检、法机关的指派或聘请，以其专门知识和技能对案件中的专门性问题进行鉴别判断并作出结论的人。

6. 翻译人员

翻译人员是指接受公、检、法机关的指派或聘请，在诉讼中进行语言、文字翻译的人员。

三、刑事诉讼程序

我国的刑事诉讼程序可分为两大类：①普通程序，包括立案、侦查、起诉、一审、二审和执行，这是一般案件均适用的程序；②特殊程序，包括死刑复核程序和审判监督程序，这是特殊案件才适用的程序。

（一）立案

立案是指公安机关、人民检察院、人民法院对报案、控告、举报和犯罪嫌疑人自首的材料进行审查，根据事实和法律，认为有犯罪事实发生并须追究刑事责任时，决定作为刑事案件进行侦查或审判的诉讼活动。刑事诉讼活动的开始阶段，只有完成立案程序，才能进行侦查、起诉、审理等其他诉讼活动。

根据《刑事诉讼法》的规定，立案包括三方面的内容：发现立案材料或对立案材料的接受；对立案材料的审查和处理；人民检察院对不立案的监督。根据《刑事诉讼法》第86条规定，立案应同时具备两个条件：①有犯罪事实发生；②依法需要追究刑事责任。

对以下三类情况不应立案，已经立案的，应撤销案件：①被告人、犯罪嫌疑人具有危害社会的行为，但情节显著轻微危害不大，刑法不认为是犯罪的；②被告人、犯罪嫌疑人的行为虽构成犯罪，但依法不予追究或者免除其刑事责任的；③被告人、犯罪嫌疑人死亡的。

（二）侦查

侦查是指公安机关、人民检察院及其他特定的机关在办理刑事案件的过程中，依法定程序进行的专门调查工作和所采取的有关强制措施。

人民检察院对于贪污贿赂犯罪、渎职犯罪以及非法拘禁、刑讯逼供、报复陷害、非法搜查等侵犯公民人身权利和民主权利的犯罪行使侦查权；国家安全机关对危害国家安全的案件行使侦查权；军队保卫部门对军队内部发生的刑事案件行使侦查权。除上述机关以外，任何机关、团体、企事业单位和个人都没有侦查权。

侦查的主要任务是：依照法定程序收集和审查证据材料，查清犯罪事实，查获犯罪嫌疑人，为起诉做好准备。侦查是刑事诉讼中的独立诉讼阶段，是公诉案件的必经程序。

侦查的主要内容有：讯问犯罪嫌疑人；询问证人、被害人；勘验、检查；搜查；扣押物证、书证；鉴定；通缉。侦查机关在认为事实清楚，证据确实、充分，足以认定是否构成犯罪、犯何种罪，不需要继续侦查时，即可终结侦查。公安机关侦查终结的案件，应当根据不同情形，写出起诉意见书，连同案卷材料、证据一并移送同级人民检察院审查起诉，或者撤销案件；人民检察院侦查终结的案件，应当作出提起公诉、不起诉或撤销案件的决定。

（三）起诉

刑事诉讼中的起诉包括提起公诉和自诉两种情况，并且以公诉为主、自诉为辅。

提起公诉是指人民检察院代表国家将刑事被告人提交给人民法院审判，要求追究其刑事责任的诉讼活动。人民检察院对公安机关侦查终结移送起诉的案件以及自行侦查终结的案件经过审查后，认为犯罪嫌疑人的犯罪事实已经查清，证据确实、充分，依法应当追究刑事责任的，应作出起诉的决定，并制作起诉书，连同案卷材料及有关证据一并移送有管辖权的人民法院。

提起自诉是指被害人或者其法定代理人、近亲属向人民法院起诉，要求人民法院进行审判，追究被告人刑事责任的诉讼活动。

（四）第一审程序

第一审程序就是人民法院对于人民检察院提起公诉或自诉人提起自诉的刑事案件进行初次审判的程序。它是人民法院审判活动必经的基本程序。

人民法院根据管辖的规定受理公诉案件和自诉案件后，对于起诉书中有明确的指控犯罪事实并且附有证据材料的公诉案件和犯罪事实清楚、有足够证据的自诉案件，应当开庭审判。在开庭前的准备工作就绪后，开庭审判按照开庭、法庭调查、法庭辩论、被告人最后陈述、评议和宣判的步骤进行。

（五）第二审程序

第二审程序又称上诉审程序，是上一级人民法院根据当事人的上诉或者人民检察院的抗诉，对下一级人民法院做出的尚未发生法律效力的第一审判决或裁定进行第二次审理所适用的程序。它并非人民法院审判一切案件的必经程序，而须有合法的上诉或抗诉才能引起。

根据《刑事诉讼法》规定，被告人、自诉人和他们的法定代理人有权提出上诉；被告人的辩护人和近亲属，经被告人同意，也可以提出上诉；附带民事诉讼的当事人及其代理人，可以就附带民事诉讼部分提起上诉；地方各级人民检察院认为本级人民法院第一审的判决、裁定确有错误时，应当向上一级人民法院提出抗诉；被害人及其法定代理人不服地方各级人民法院第一审判决、裁定的，有权请求人民检察院提出抗诉，由人民检察院作出是否抗诉的决定并且答复请求人。不服判决上诉和抗诉的期限为10日，不服裁定上诉和抗诉的期限为5日，自接到判决书、裁定书的次日起算。

第二审人民法院对上诉案件，应当组成合议庭开庭审理；合议庭经过阅卷和调查，讯问被告人，听取其他当事人、辩护人、诉讼代理人的意见，认为事实清楚的，也可以进行判决、裁定；对人民检察院提出抗诉的案件，第二审人民法院应当开庭审理。经过审理，根据不同情形作出驳回上诉或抗诉、维持原判，改判或撤销原判、发回重审的判决或裁定。第二审人民法院审判被告人或其法定代理人、辩护人、近亲属上诉的刑事案件，不得加重被告人的刑罚，即“上诉不加刑”。但人民检察院提出抗诉或者自诉人提出上诉的，不受此限。

（六）死刑复核程序

死刑复核程序是人民法院对判处死刑的判决和裁定进行审查核准的一种特殊程序，是专门适用于判处死刑案件的一个独立审判程序。判处死刑的案件，必须进入复核程序。死刑判决或者裁定，经核准后才能生效执行。

根据《刑事诉讼法》规定，死刑由最高人民法院核准；死刑缓期2年执行的案件，由高级人民法院核准。中级人民法院判处死刑的第一审案件，被告人不上诉的，应当由高级人民法院复核后，报请最高人民法院核准；高级人民法院判处死刑的第一审案件被告人不上诉的，以及判处死刑的第二审案件，都应当报请最高人民法院核准；中级人民法院判处死刑缓期2年执行的案件，由高级人民法院核准。最高人民法院根据需要依法将一部分死刑案件的核准权授予各高级人民法院行使。

（七）审判监督程序

审判监督程序又称再审程序，是指人民法院对已经发生法律效力但又确有错误的判决和裁定进行再次审理所适用的程序。它不是每个案件必经的审判程序，也不是一般的第一、第二审程序，而是专门为了纠正已发生法律效力的错误裁判而实行的一种审判救济程序，是一种特殊的程序。

根据我国《刑事诉讼法》规定，当事人及其法定代理人、近亲属，对已经发生法律效力的判决和裁定，可以向人民法院或人民检察院提起申诉，但是不能停止判决、裁定的执行；人民法院对于当事人及其法定代理人、近亲属符合法定情形的申诉，应当重新审判。各级人民法院院长对本院已经发生法律效力的判决、裁定，如果发现确有错误的，应当提交审判委员会处理；最高人民法院对各级人民法院已经发生法律效力的判决、裁定，上级人民法院对下级人民法院已经发生法律效力的判决和裁定，发现确有错误的，有权提审或指令下级人民法院再审。最高人民检察院对各级人民法院已经发生法律效力的判决和裁定，上级人民检察院对下级人民法院已经发生法律效力的判决、裁定，如果发现确有错误，有权按照审判监督程序提出抗诉；接受抗诉的人民法院应当组成合议庭重新审理，对于原判事实不清、证据不足的，可以指令下级人民法院再审。

人民法院按照审判监督程序重新审判的案件，应当另行组成合议庭进行审理。如果原来是第一审案件，应当按照第一审程序审判，所作出的判决和裁定，可以上诉、抗诉；如果原来是第二审案件，或者是由上级人民法院提审的案件，应当按照第二审程序进行审判，所作出的判决、裁定，是终审的判决、裁定。

（八）执行

刑事诉讼中的执行是指公、检、法和劳动改造机关，将已生效的判决、裁定所确定的内容付诸实现的活动。它是刑事诉讼程序的最后一个阶段，通过执行程序使《刑事诉讼法》的任务得以最终实现。

最高人民法院判处和核准的死刑立即执行的判决，或者高级人民法院根据授权核准的死刑立即执行的判决，分别由最高或高级人民法院院长签发执行死刑的命令，下级人民法院在接到执行死刑命令后的 7 日内交付执行，可以在刑场或指定的羁押场所内采用枪决或注射等方法执行。对于被判处死刑缓期 2 年执行、无期徒刑、有期徒刑的罪犯，由公安机关依法将该罪犯送交监狱执行；对于被判处有期徒刑的罪犯，在被交付执行刑罚前，剩余刑期在 1 年以下的，由看守所代为执行；对于被判处拘役、管制、剥夺政治权利的罪犯，由公安机关执行；对于被判处徒刑缓刑的罪犯，由公安机关交所在单位或者基层组织予以考察；对于被判处罚金，没收财产的，由人民法院执行。

执行是刑事诉讼的最后程序，只有通过执行程序，刑事诉讼法的任务才能最终完成。

项目7 国际法

任务一 国际法概述

一、国际法的概念

一般来说，国际法的概念有广义和狭义之分。广义的国际法是指一切调整国际政治、经济、军事、外交、文化等各种国际活动和国际关系的法律规范的总称。从这个意义上说，国际法是与国内法相对应的法律体系，包括许多法律部门。狭义的国际法则仅指国际公法，主要调整国家间的政治、军事、外交关系。本章取狭义概念，仅介绍国际公法。

二、国际法的特征

（一）国际法的主体主要包括国家和国际组织

国际法是国家之间的法律，国际法的主体主要是国家，自然人和法人都不能成为国际法主体。国际组织是指国家间通过签订国际条约而设立的具有一定宗旨和职能的国际机构，在一定范围内具有国际法主体的特征。国际组织建立后，具有相对的独立性，按照其组织法的规定具有法律上的能力。但国际组织的权利仅限于它们的组织法规定的范围之内，这和享有主权的国家是不同的。类似国家的政治实体，如正在为争取独立而斗争的民族解放组织，在一定条件下和一定范围内也可以成为国际法主体。

（二）国际法主要是国家间以缔结条约的方式制定的

国际法为国家规定了一整套处理其对外关系的行为规则，为国家规定了国际法上的权利和义务。但与国内法由专门的国家立法机关制定不同，国际法的法律效力来自于各主权国家的授权，因此国际法主要是国家之间在平等的基础上以缔结条约的方式制定的，此外也包括少量各国在国际交往中反复适用，被各国所普遍接受、承认的国际惯例。

（三）国际法采取与国内法不同的强制方式

国际法具有强制性，一些重要的国际条约都明确规定了国际法的效力。但国际法采取与国内法不同的强制方式。国际上并没有超越于国家之上的强制机关来保障国际法的实施，国际法的实施主要依靠国家本身的行动。

三、国际法与国内法的关系

国际法和国内法是不同的法律体系，但由于国内法的制定者和国际法的制定者都是国家，这两个体系之间是互相紧密联系的，是互相渗透和互相补充的。国家在制定国内法时，应考虑国际法的原则和规则，不应违背所承担的国际义务；国家在参与制定国际法时应考虑到国内法的立场，不能干预国内法。国际法的原则和规则可以从各国的国内法得到补充和具体化，各国的国内法也可以从国际法的原则和规则得到充实和发展。国际法不得干预国内法，国内法不得改变国际法，两者的关系应该是协调一致的。大部分国家，如中国、日本、奥地利等均认为，凡是本国签订的国际条约，即使与本国国内法有抵触，也要遵从国际条约。

四、国际法的基本原则

国际法的基本原则是指各国公认的、具有普遍约束力的、适用于国际法各个领域的构成国际法基础的法律准则。《联合国宪章》规定了联合国及其会员国应遵循的七项原则，构成现代国际法原则的核心；此外，和平共处五项原则也是现代国际法基本原则的重要组成部分。综合起来，我国多数学者认为，国际法的基本原则应主要包括：

（一）国家主权平等原则

国家主权平等原则是指国家不分大小强弱、人口多寡、政治制度和经济制度如何，都具有平等地位，一律享有平等主权，承担同等责任。主权平等包括以下要素：（1）国家的领土完整及政治独立不受侵犯；（2）各国法律地位平等；（3）各国均享有充分主权；（4）各国均有义务尊重其他国家的主权；（5）均有权利自由选择并发展其政治、经济、社会及文化制度；（6）各国均有责任充分履行其国际义务，并与其他国家和平相处。

（二）互不侵犯原则

互不侵犯原则是指各国在其相互关系中不得以任何借口进行侵略，也不得以违反国际法的任何其地方法使用武力或以武力相威胁侵犯另一国的主权独立或领土完整，不得以战争作为解决国际争端的手段。

（三）互不干涉内政原则

互不干涉内政原则是从国家主权直接引申出来的。依此原则，任何国家或国家集团都不得以任何借口直接或间接地干涉别国的内政与外交事务，不得以任何手段强迫他国接受自己的意志、社会制度和意识形态。

（四）平等互利原则

平等互利原则是指在国际交往中，各国在法律上必须是平等的，在事实上必须是互利的。平等，就是国家不分大小强弱、政治制度和经济制度如何，都具有平等地位，因而都应该互相尊重，平等相处，任何国家不应谋取任何特权；互利，就是各国在其相互关系中，不能谋取片面的利益，更不能以损害别国为目的，而应该对双方都有利。

（五）和平共处原则

和平共处原则是指国家在其相互关系上，应彼此尊重对方现存的社会政治经济制度，不得使用武力或武力威胁，以及其他任何方法改变或企图改变对方的社会政治经济制度，应当根据国际法的要求，进行广泛合作，发展友好关系，和睦相处。

（六）民族自决原则

民族自决原则是指被殖民主义奴役和压迫的民族，有权采取国际法确认的一切合法手段，自由决定自己的命运，摆脱殖民统治，建立民族独立的主权国家，并选择适合于自己的社会政治制度发展民族经济。

（七）和平解决国际争端原则

和平解决国际争端原则是指国家之间在发生纠纷或争端时，应当通过和平的方法予以解决，任何使用或企图使用武力或武力威胁的办法来解决国际争端，都是违反国际法的。

（八）善意履行国际义务原则

善意履行国际义务原则是指各国应当善意履行《联合国宪章》规定的各项义务，善意履行由公认的国际法原则和规则产生的、其作为缔约国参加的国际条约所承担的各项义务。

任务二 国际法上的国家

一、国家概述

作为国际法主体的国家，应当具备四个要素：(1)有一定的居民；(2)有确定的领土；(3)有一定的政权组织；(4)拥有主权。只有具备这四个要素，才能构成国际法意义上的国家，从而成为国际法的主体。

国家按其结构形式可分为单一制国家和复合制国家。单一制国家是具有单一主权的国家，实行统一的中央集权，国家内部的行政区域受中央政府的统一领导，在对外关系上作为单一的国际法主体出现。复合制国家是由两个以上国家或政治实体组成的联合体。复合制国家又分为联邦制国家和邦联制国家两种形式。联邦制国家是由两个以上成员构成的联合体，有统一的联邦宪法，有最高权力机关和最高行政机关，联邦内的公民具有一个共同国籍。在国际法上，联邦是一个主权国家，联邦的各成员不是国际法主体。邦联制国家是由两个主权国家根据国际条约组成的国家联合，没有统一的中央权力机关和行政机关，没有统一的立法，成员国公民只有本国国籍。邦联的成员国是主权国家，是国际法主体，邦联本身不是国际法主体。

二、国家领土

国家领土是处于国家主权支配下的地球表面的特定部分，包括地下及其上空。领土是国家的构成要素之一，是国家赖以存在的物质基础，国家在其领土范围内行使主权。

国家领土由四部分组成：（1）领陆，是指国家主权管辖下的全部陆地和岛屿，是国家领土的最基本部分；（2）领水，是指国家主权管辖下的全部水域，包括位于领陆内的水域和沿岸的内水和领海；（3）领空，是指领陆和领水之上的空气空间；（4）底土，是指领陆和领水下面的水床及土壤。

我国领海和毗连区法规定，中华人民共和国陆地领土包括我国大陆及沿海岛屿、台湾及其他包括钓鱼岛在内的附属各岛、澎湖列岛、东沙群岛、西沙群岛、中沙群岛、南沙群岛以及一切属于中华人民共和国的岛屿。

三、国家的基本权利义务与国家责任

（一）国家的基本权利

国家的基本权利是由国家主权引申的、固有的、不可剥夺的权利，它与国家在国际交往中产生的国际法的权利不同。国家在国际交往中产生的法律权利不是固有的而是派生的权利。国家的基本权利一般认为有以下四项：

1. 独立权

独立权是指国家有权按照本国的意志，独立自主地处理主权范围内的事务，不受任何国家的支配和干涉。

2. 平等权

平等权是指国家在国际交往中法律地位平等，有平等的主体资格，平等地享有权利和承担义务及平等地承担责任。

3. 自卫权

自卫权是指国家的领土或武装部队在遭到外国的实际武力攻击，即遭到外国的侵略时，为了保卫国家和人民的生存，有权对侵略者的武力还击。国家可以单独自卫，也可以实行集体自卫，但要符合《联合国宪章》的规定。

4. 管辖权

管辖权是指国家通过立法、司法和行政手段实施的对人、物和事的统治权。国家的管辖权有两种基本类型：属地管辖权和属人管辖权。属地管辖权是指国家对其领土内的人、物和事的管辖权；属人管辖是指国家对于具有本国国籍的人的管辖权，也称国籍管辖权。

（二）国家的基本义务

国家享有国际法确认的基本权利，也必须承担一些基本的国际义务。这些义务涉及国际社会的和平与安全、民主与发展的根本利益，因此，也是各国必须遵守的。根据《国家权利和义务宣言草案》《联合国宪章》、1970年《国际法原则宣言》等国际文件规定可知，国家的基本义务的核心内容是尊重别国主权和由此引申出来的各项基本权利，具体来讲主要包括以下内容：

（1）不得使用武力或武力威胁，或以与联合国宗旨不符的任何其他方法侵犯别国的领土完整和政治独立；（2）不得以任何理由和方法直接或间接地干涉别国内政；

（3）用和平的方法解决本国与别国的争端；（4）善意履行国际法原则和规则以及有效的国际条约所规定的义务。

（三）国家责任

国家责任是指一国因违反国际法，侵害他国或国际社会的合法权益，所必须承担的法律责任。判断国家责任的依据是国际法。

国家责任的形式包括：（1）终止不法行为；（2）道歉；（3）恢复原状；（4）赔偿；（5）限制主权。限制主权是最严厉的一种国家责任形式。在一国犯有对他国进行武装侵略、侵害他国主权及领土完整等严重破坏国际和平与安全的罪行时，该国必须承担被限制国家主权的法律责任。限制国家主权包括暂时对国家实行军事占领和军事管制的全面限制主权和限制责任国的武装力量和军事装备的局部限制主权。

四、国际法上的承认与继承

（一）承认

国际法上的承认是指现存国家以一定的方式对新国家或新政府的确认，从而表明承认其国际法主体地位，愿意与之建立及保持正式外交关系的国家行为，包括国家承认与政府承认。新国家出现时，现存国家对新国家的合法性的确认，为国家承认；对既存国家内部通过政变或革命产生出来的新政府的承认，为政府承认。按照一国宪法程序发生的政府变动，不涉及政府承认问题。政府承认不涉及国家的法律人格，国家的国际法主体地位不受政府变更的影响。

承认还可分为法律上的承认和事实上的承认。通常的承认是法律上的承认，即正式承认，是指承认国给予新国家或新政府以一种完全的、无保留的、永久的并且不能撤销的承认。当新国家、新政府的地位不稳定或承认国出于其他政治上的考虑而想避开正式承认，不建立正式的外交关系，但同时又有进行一定的交往、发生业务关系的必要时，往往采取事实上的承认，这种承认是非正式的、暂时的、可以撤销的。

（二）继承

国际法上的继承是指国家在国际法上的权利和义务由一个承受者转移给另一个继承者所发生的法律关系。按继承的主体不同，可将继承分为国家继承、政府继承和国际组织的继承。

1. 国家继承

国家继承是指一国因领土变更，其国际法上的权利和义务转移给他国的法律事实。

2. 政府继承

政府继承是指由于革命或政变而引起政权的变更，前政府在国际法上的权利和义务转移给新政府的法律事实。

3. 国际组织的继承

国际组织的继承是指国际组织合并、解散，按照国际协议使其职能转移给另一国际组织的法律事实。

任务三 国际法上的个人

一、国籍

国籍是一个人属于某一国家国民的法律资格，它表明一个人同某一国家之间的固定的法律关系。在一个国家内，根据国籍的不同分为本国人、外国人和无国籍人。

国籍的取得主要有两种方式：一种是因出生而取得，称为原始国籍；另一种是因加入而取得，称为继有国籍。因出生而取得国籍包括血统主义、出生地主义和混合主义。血统主义是指以父母的国籍来确定本人的国籍，凡是本国人所生的子女，无论其出生在国内或国外，当然具有本国国籍。血统主义又可分为单系血统主义和双系血统主义。出生地主义是指以出生地来决定国籍，只要本人出生在一国境内，就赋予该国国籍。混合主义是指以血统主义和出生地主义相结合来决定国籍。加入取得国籍包括两种情形：一种是根据当事人的意志而取得；另一种是根据法律规定而取得，如基于婚姻收养、领土变更等事实，根据有关国家国内法取得国籍。

由于各国的国籍法不同，会产生国籍抵触，包括积极抵触和消极抵触。一个人同时具有两个或两个以上国家的国籍，称为双重国籍人或多重国籍人，就是国籍的积极抵触；一个人不具有任何国家的国籍，成为无国籍人，就是国籍的消极抵触。双重国籍使个人陷入困境，在行使外交保护、履行兵役义务等方面容易引起国家间的纠纷；无国籍人则得不到任何国家的外交保护。所以国籍抵触不论对个人、国家或国际关系都是不利的，有必要通过国家间的合作努力消除。

二、外国人的法律规定

（一）外国人的待遇

外国人是指在一国境内不具有所在国国籍的人。外国人的法律地位由所在国法律规定，但不得与该国承担的国际义务相违背。关于外国人的待遇，通常有国民待遇和最惠国待遇两种。国民待遇是指一国在一定范围内给予外国人与本国国民同等的待遇。给予外国人国民待遇主要是在民事权利方面，一般不给予政治权利，外国人不享有选举权和被选举权，相应地，也不承担服兵役的义务。最惠国待遇是指一国给予另一国国民的待遇，不低于现在或将来给予任何第三国国民的待遇。最惠国待遇一般由双边或多边条约规定。

（二）外交保护

外交保护是指一国通过外交途径对侨居国外的本国人的合法权益所进行的保护。被害人得不到居留国的保护时，他的本国可以要求居留国给予保护。行使外交保护是国家的权利，与被害人的个人意志无关。被害人即使要求外交保护，国家也不负有必然的义务；相反，即使被害人没有要求，国家也可能以保护在外侨民的名义行使外交保护权。

三、引渡和庇护

（一）引渡

引渡是指一国应外国的请求把处于该国境内而被外国指控犯罪或判刑的外国人移交给请求国审判或接受刑罚的国际司法协助行为。引渡是一种国家行为，除非负有条约义务，在国际法上国家没有引渡义务，是否引渡完全由国家自主决定。当国家间有引渡条约时，缔约国负有引渡义务。当数个国家请求引渡同一人时，原则上被请求国有权决定接受哪一个国家的请求。

一般情况下，引渡的对象只限于请求国的国民或第三国国民。通常各国都实行本国国民不引渡原则，拒绝引渡本国国民，只有英、美等少数国家因对刑罚法规的适用采取属地法主义而不拒绝引渡本国国民。法国资产阶级革命以后，西欧一些国家的国内立法和各国间的引渡条约都区分政治犯与普通刑事犯，采取政治犯不引渡原则。

构成引渡的犯罪行为必须是请求国和被请求国都认为是犯罪的行为，或者是引渡条约中所规定的犯罪行为。引渡实施后，请求国只能以请求引渡时所依据的罪名进行审判或惩处，遵守罪名特定原则。

（二）庇护

庇护是指国家对因外国当局通缉或受迫害而来避难的外国人，准许其入境和居留，并给予保护、拒绝引渡的行为。庇护的对象主要是政治犯，所以也叫政治避难。庇护的法律根据主要是国内立法。

任务四 海洋法与空间法

一、海洋法

海洋法是有关各种海域的法律地位和法律制度，以及各国在不同海域从事各种活动的原则、规则和制度的总称，包括领海、毗连区、专属经济区、大陆架、公海等海域的一系列制度。

（一）领海

领海是指邻接一国陆地领土及其内水，并处于该国主权管辖下的一定宽度的海域。1982年《联合国海洋法公约》规定，每一个国家有权确定其领海的宽度，但从基线起不得超过12海里。领海基线是陆地和海洋的分界线。领海基线的确定有两种方法：（1）正常基线，又称低潮线，即海水退潮降到最低点的实际海岸线；（2）直线基线，即连接大陆岸上和沿海岸外缘岛屿上的适当点而形成的一条直线，适用于海岸线极为曲折或沿岸岛屿密布的地方。

我国《领海及毗连区法》规定，中华人民共和国对领海的主权及于领海上空、领海的海床及底土。外国非军用船舶有依法无害通过我国领海的权利，但外国军用船舶进入我国领海，须经我国政府批准。

（二）毗连区

毗连区是指领海以外邻接领海的一定范围的海域，沿海国有权在该区域行使某些方面的管制。《联合国海洋法公约》规定，毗连区从领海基线量起不得超过24海里。我国《领海及毗连区法》规定，我国的毗连区宽度为12海里。在毗连区内，为防止和惩处在我国陆地领土、内水或领海内违反有关安全，海关、财政、卫生或出入境管理的法律、法规的行为，我国有权行使管制权。

（三）专属经济区

专属经济区是指位于沿海国领海以外并邻接领海的一定范围内海域的专属管辖区。根据《联合国海洋法公约》规定，专属经济区的宽度从领海基线量起，不应超过 200 海里。专属经济区的地位既不同于公海也不同于领海，而是自成一类的、特殊的、国家管辖范围内的海域。这一区域内沿海国对其自然资源享有主权权利和其他管辖权，而其他国家享有航行、飞越自由等，但这种自由应适当顾及沿海国的权利和义务，并应遵守沿海国按照《联合国海洋法公约》的规定和其他国际法规则所制定的法律和规章。

（四）大陆架

大陆架是指沿海国陆地领土向海洋自然延伸的部分。根据《联合国海洋法公约》规定，沿海国的大陆架包括其领海以外依其陆地领土的全部自然延伸，扩展到大陆边外缘的海底区域的海床和底土，如果从领海基线量起到大陆边外缘的距离不到 200 海里，则扩展到 200 海里的距离。沿海国有勘探大陆架和开发其自然资源的专属权，任何人未经沿海国明示同意，均不得从事此种活动。沿海国对大陆架权利的行使，不得影响其他国家船舶和飞机的自由航行以及海底电缆和管道的铺设与维持。

（五）公海

公海是指不包括在国家的专属经济区、领海或内水或群岛国的群岛水域内的全部海域。公海对所有国家开放，不论其为沿海国或内陆国。公海自由是公海法律制度的基础。公海自由包括：（1）航行自由；（2）飞越自由；（3）铺设海底电缆和管道的自由；（4）建造国际法所容许的人工岛屿和其他设施的自由；（5）捕鱼自由；（6）科学研究的自由。这些自由应由所有国家行使，但须适当顾及其他国家行使公海自由的利益。公海应只用于和平目的。

二、空间法

空间可以分为空气空间和外层空间，两者具有不同的法律地位。

（一）空气空间

空气空间是地球表面的大气层，它既包括一个国家陆地和水域之上的部分，也就是领空，也包括不属于任何国家所有的公空，如公海、两极地区的上空。公空不属于任何国家所有，是自由的、开放的。

1919 年签订的《巴黎航空公约》第 1 条规定：每一个国家对其领土上空享有完全的排他的主权，确立了领空主权原则。但是《巴黎公约》的这一规定是不彻底的，因为公约中同时又规定了外国航空器的无害通过权。而 1944 年的《芝加哥公约》在这个问题上作了明确而又彻底的规定，承认每一国家对其领土之上的空气空间享有完全的和排他的主权，而且没有加以任何限制。领空主权主要表现在四个方面：

1. 自保权

一国领空不受侵犯。未经允许，任何外国航空器不得进入该国领空。任何国家都有保卫其领空安全，不受外来侵犯的权利。一国有权设立各种空域，包括禁区、限制区和危险区。

2. 管辖权

领空是一国领土不可分割的一部分，国家对领空的管辖权是属地管辖权。

3. 管理权

每一国家都有权制定必要的法律和规章，以维护空中航行的正常秩序，保障空中交通安全，保护公众的合法权益。航空器在一国领空中飞行，都应遵守该国关于航空器运行的法律和规章；这种法律和规章应不分国籍适用于所有国家的航空器。

4. 所有权

领空是国家领土的一部分，国家对领土享有所有权，对领空也享有所有权。

（二）外层空间

外层空间是空气空间以外的整个空间，是任何国家不能主张权利的空间。

联合国和平利用外层空间委员会（简称外空委员会）作为永久性机构，于 1959 年成立。外空委员会设立了法律和科技两个小组委员会，分别审议和研究有关的法律和科技问题。1963 年联合国大会通过的《各国在探索与利用外层空间活动的法律原则的宣言》，确定了外层空间供一切国家自由探测和使用，以及不得由任何国家据为己有这两条原则。此外，外空委员会先后草拟了 5 项有关外空的国际条约，即 1966 年《关于各国探索和利用包括月球和其他天体在内外层空间活动的原则条约》（简称《外层空间条约》）、1967 年《营救宇宙航行员，送回宇宙航行员和归还射入外层空间的物体的协定》、1971 年《空间物体所造成损害的国际责任公约》、1974 年《关于登记射入外层空间物体的公约》和 1979 年《关于各国在月球和其他天体上活动的协定》。中国于 1983 年 12 月加入了《外层空间条约》。

任务五 条约与外交机构

一、条约

（一）条约概述

条约是国际法主体间以国际法为准则所缔结的确定其相互权利义务关系的协议。条约具有如下基本特征：（1）缔结条约的主体只能是国际法主体，非国际法主体间订立的协议不能称为条约；（2）条约应以国际法为准则，必须符合国际法的基本原则和规范；（3）条约为缔约国创设权利、义务；（4）条约通常采取书面形式。

条约按缔约国的数目分类，可以分为双边条约和多边条约。按条约性质分类，可分为造法性条约和契约性条约。

条约的名称主要有条约、公约、协定、规约、宪章、议定书、换文、宣言等。不论名称如何，其法律性质和效力都是一样的。

（二）条约的缔结

1.缔约能力

主权国家具有完全的缔约能力。我国宪法规定，国家主席根据全国人大常委会的决定批准或废除同外国缔结的条约和重要协定。香港基本法规定，香港特别行政区可以在经济、贸易、金融、航运，通信、旅游、文化、体育等领域以“中国香港”的名义单独地同世界各国、各地区及有关国际组织保持发展关系，签订履行有关协议。

2.条约的缔结程序

条约的缔结程序一般包括谈判、签署、批准、互换或交存批准书。

缔约各方为就条约的内容达成一致而进行交涉，通过谈判达成的协议，其约文由表决通过或认证。约文的认证一般采取草签、暂签、签署的方式。签署表示缔约国同意接受条约的拘束。有的条约规定正式签署后就立即生效，但重要的条约往往要经过批准等程序。

批准是缔约国权力机关对其代表所签署的条约的认可，表示接受条约规定的义务。

交换批准书是缔约国互相交换本国权力机关批准条约的证明文件，从而使条约生效的行为。双边条约采取互换批准书的形式，多边条约采用交存批准书的形式，将批准书交存保存条约正本的缔约国或国际组织。

联合国会员国所缔结的条约和国际协定应在联合国秘书处登记，由秘书处公布。否则，条约的缔约国不得在联合国的任何机构中援引该条约。

3. 条约的加入

条约的加入是未在已经签订的多边条约上签字的国家成为该条约的缔约国并受其约束的法律行为。可加入的条约通常是开放性条约，特别是造法性条约。条约是否允许加入，取决于原缔约国的协议或条约本身的规定。

4. 条约的保留

保留是缔约国对条约的某些条款表示不能接受的单方声明，目的在于排除这些条款对该国适用的法律效果。保留主要是多边条约，双边条约一般不发生保留问题。

为保证条约具有普遍性，同时保持条约的一体性，《条约法公约》规定下列三种情况不得保留：（1）条约本身禁止保留；（2）保留超出允许保留的范围；（3）保留不符合条约的目的和宗旨。

（三）条约的效力

1. 条约必须遵守

条约生效以后，缔约国必须按照条约规定履行自己的义务。条约对缔约国有约束力，缔约国应善意履行。

2. 条约的无效

下列条约应属当然无效：（1）基于对一国代表强迫而缔结的条约；（2）以武力或武力威胁而缔结的条约；（3）与强行法相抵触的条约。

3. 条约的撤销

缔约国就下列条约可撤销其对条约的同意而使条约对本国失效：（1）明显违反国内法关于缔约权的规定，无缔约能力者所缔结的条约；（2）因谈判国之诈欺或贿赂其代表而缔结的条约；（3）非因自己引起或所能知悉的重大错误而缔结的条约。

（四）条约的修改与终止

1. 条约的修改

关于条约的修改，有两种不同的情况：

（1）全体缔约国对条约的部分条款进行修改，而条约本身继续有效。条约没有规定修正程序的，按条约缔结的程序修正。为防止因一国的反对而得不到修正，一些多边条约往往规定只要一定数量的缔约国同意就可以修正。如《联合国宪章》第108条规定，经大会会员国2/3表决通过的修正案，在包括安理会全体常任理事国在内的2/3会员国批准后，对全体会员国发生效力。

（2）若干缔约国彼此间更改多边条约。按照《条约法公约》第41条的规定，仅仅在若干缔约国之间修改多边条约，必须是条约本身有这种修改的规定，或者该项修改不为条约所禁止，而且不影响其他缔约国的权利和义务，该项修改也不涉及有效实现整个条约的目的和宗旨。条约修改后应将修改的内容通知其他缔约国。

二、外交和领事关系

（一）外交关系

1.外交

外交一般指国家为实现其对外政策，通过国家元首、政府首脑、外交部部长、外交代表机关等进行的诸如访问、谈判、发出外交文件、派出常驻外交代表机关，缔结条约、参加国际组织和国际会议等方法，处理对外关系的活动。

1961年制定的《维也纳外交关系公约》于1964年4月24日生效，1975年11月25日我国交存加入书，该公约对我国生效。1986年9月5日，我国公布的《外交特权与豁免条例》，其内容与《维也纳外交关系公约》的有关规定是一致的。

2.外交机关

国家外交机关包括国内外交机关和驻国外的外交机关。国内外交机关有国家元首、政府、外交部，其职权范围通常由宪法、法律规定。驻外的外交机关又称外交代表机关，有常设的外交代表机关和临时的外交代表机关，即特别使团形式。

在外交代表机关中，派驻他国的常设使馆占有十分重要的地位。依据《维也纳外交关系公约》的规定，常设使馆的职责主要有：（1）在接受国中代表派遣国；（2）在国际法许可的限度内，在接受国中保护派遣国及其国民的利益；（3）代表本国政府与接受国政府进行外交交涉；（4）以一切合法手段调查接受国的政治、文化、社会和经济等方面的状况和发展情况，并向本国政府报告；（5）促进派遣国与接受国间的友好关系和发展两国间经济、文化和科学关系。此外，使馆还可以担负国际法所许可的其他职责，如执行领事职务，经接受国同意，受托保护未在接受国派有代表的第三国及其国民的利益。

3. 使馆人员的等级

使馆人员由使馆馆长、外交职员、行政技术职员、事务职员组成。外交职员是具有外交官衔的使馆职员，包括参赞、武官、秘书和随员。

《维也纳外交关系公约》将使馆馆长分为三个等级：大使，教廷大使；公使、教廷公使；代办。临时代办是在使馆馆长职务空缺或不能执行职务时被委派暂时代理馆长职务的使馆外交人员，即代理馆长。

4. 外交代表的派遣与接受

外交代表的派遣须事先征得接受国政府的同意。如果接受国不同意接受，也无须向派遣国说明理由。需要征求意见的主要是使馆馆长和武官，其他外交职员由派遣国的自由委派。但接受国可以随时宣告任何外交官为“不受欢迎的人”，并且不必说明理由。遇此情况，派遣国应斟酌情况召回该外交人员。

获得接受国同意后，派遣国就可以正式任命使馆馆长，馆长携国书赴任。国书是证明被任命的人是派遣国国家元首或外交部部长向接受国国家元首或外交部部长派遣的外交使节的正式文书。

5. 外交特权与豁免

外交代表机关及其人员与普通的外国人地位不同，在接受国享有特别权利、优待和豁免。《维也纳外交关系公约》分别规定了使馆和外交代表的特权与豁免权。

使馆特权包括：（1）使馆馆舍不可侵犯；（2）档案和文件不可侵犯；（3）通信自由；（4）行动及旅行自由；（5）免除捐税、关税；（6）使用派遣国国旗和国徽。

外交代表的特权和豁免权主要包括：（1）人身不可侵犯；（2）寓所、文书、信件和财产不可侵犯；（3）管辖的豁免权；（4）免除税负；（5）免纳关税、行李免受查验。

按照《维也纳外交关系公约》的规定，外交代表同户家属、行政技术人员的同户家属、使馆事务人员，如非接受国国民，且不在该国永久居住的，在不同程度上享有特权与豁免。

（二）领事制度

1. 领事机关

领事的主要任务是在接受国保护派遣国的经济利益和派遣国国民利益。外交代表一般设在接受国的首都，而领事机关则多设在港口、商业中心、本国船舶出入和本国国民居留较多的城市。国与国之间领事关系的建立，依据国家之间的协议。

2. 领事职务

领事职务主要包括：（1）在国际法许可的限度内，在接受国内保护派遣国及其国民的利益；（2）增进派遣国与接受国间商业，经济、文化，科学关系的发展，并在其他方面促进两国间的友好关系；（3）以一切合法的手段调查接受国商业、文化等方面的情况，并报告本国；（4）向派遣国国民签发护照及旅行证件，并为拟赴派遣国的人办理签证或签发其他文件；帮助派遣国国民执行公证、民事登记，办理行政性事务，但以接受国法律未加禁止为限；（5）依国际协定或在不违反接受国法律前提下，送达司法文书与司法外文书或代派遣国法院搜集证据；（6）监督和协助派遣国的船舶航空器及其航行人员；（7）执行派遣国责成办理的为接受国许可的其他职务。

为确保领事机关能在接受国有效地执行职务，领事馆及其人员享有领事特权与豁免。我国《领事特权与豁免条例》对领事人员在我国享有的特权与豁免作了规定。

三、国际组织

（一）国际组织的概念

国际组织包括政府间国际组织与非政府间国际组织。政府间国际组织是国家之间为了特定目的根据条约建立的常设组织。非政府间国际组织是不同国家的个人或民间团体组成的组织。国际组织还可以依其职能划分为具有政治、经济、文化、社会、军事等多方面职能的一般性国际组织和具有特定职能的专门性国际组织。国际组织也可以划分为世界性国际组织和区域性国际组织。世界上最大的一般性、世界性政府间国际组织是联合国。

（二）联合国

1.联合国概述

联合国是当代最重要的世界性国际组织。1943年10月30日，中、美、英、苏四国代表在莫斯科会议上发表的《莫斯科普遍安全宣言》正式表明有必要在尽早可行的日期，为维护世界的安全与和平，以所有爱好和平国家的主权平等为原则，建立一般性国际组织，无论国家大小，均可加入该组织。1944年秋，中、美、英、苏四国代表在敦巴顿橡树园会议上通过了敦巴顿橡树园建议案，此案成为联合国宪章的原案，描绘出了联合国的蓝图。1945年2月，美、英、苏三国签订《雅尔塔协议》，此会议就安理会表决程序等问题达成协议，形成所谓的“雅尔塔方式”。1945年4月25日，在美国圣弗朗西斯科举行联合国家关于国际组织的会议，6月26日签订了《联合国宪章》，同年10月24日宪章生效，联合国正式宣告成立，总部设在纽约。中国是联合国的四个发起国之一。

2. 联合国的宗旨与原则

《联合国宪章》规定，联合国以维持国际和平及安全，发展国际以尊重人民平等权利及自决原则为基础的友好关系，促进国际合作，构成协调各国行动的中心为宗旨。

为了实现联合国的宗旨，《联合国宪章》规定了联合国及其会员国应遵循的七项原则：主权原则、互不侵犯原则、互不干涉内政原则、平等互利原则、和平共处原则、忠实履行国际义务原则以及和平解决国际争端原则。

3. 联合国的会员国

联合国会员国分创始会员国和接纳会员国。凡参加圣弗朗西斯科会议或者之前签署联合国宣言的国家，签署了联合国宪章并依法予以批准的为创始会员国，共 51 个；之后按联合国宪章规定接纳的会员国为接纳会员国。创始会员国和接纳会员国在权利和义务上完全相同。

联合国宪章规定，一切爱好和平的国家，接受宪章所载义务，经联合国组织确认为能够并愿意履行这些义务的，均可以成为联合国会员国。接纳新会员国须经安理会推荐，并经大会以 2/3 多数表决通过。

4. 联合国的主要机关

联合国的主要机关有大会、安全理事会、秘书处和国际法院。

（1）大会

大会由全体会员国组成，每年举行一届常会，通常在 9 月的第三个星期二开始举行。在一定条件下，还可以召开大会的特别会议或紧急特别会议。

大会可以讨论宪章范围内的任何问题或事项，或有关联合国任何机关的职权的任何问题或事项，除安理会正在处理者外，可向会员国或安理会提出关于这些问题或事项的建议。

大会关于重要问题的决议，以出席并参加投票的会员国的 2/3 多数决定，一般问题以过半数决定。每一会员国享有一个投票权。大会的决议只是建议性的，但是关于会员国的接纳、除名、权利停止的决议，关于预算的承认，理事国的选举等联合国组织内部事务有决定的效力。

（2）安全理事会

安全理事会简称安理会，是联合国在维持国际和平与安全方面负主要责任的机关，由 5 个常任理事国和 10 个非常任理事国组成。非常任理事国由联合国大会按地区分配名额选举产生，任期 2 年，每年改选 5 个，不得连选连任。根据《联合国宪章》，安理会是联合国唯一有权采取行动维持国际和平与安全的机构，它在和平解决国际争端、维护和平与制止侵略方面行使重要职权。安理会的每个理事国享有一个投票权。实质性问题的决议应以 9 个理事国的赞成票通过，其中应包括 5 个常任理事国的同意票，即常任理事国有否决权，这是五大国一致原则。某项事项是否属于程序事项也要由包括全体常任理事国在内的 9 个理事国的同意票决定。因此，常任理事国享有双重否决权。五大国一致原则保证了大国在安理会中发挥特殊作用的同时，也受到了许多国家批评，安理会改革成为现在联合国改革的重要课题之一。关于和平解决争端的决议，争端当事国不得投票，弃权不被认为是否决。

（3）秘书处

秘书处是联合国的常设行政机构，其任务是为联合国其他机关服务，并执行这些机关制订的计划和政策。秘书处由秘书长和其他国际公务员组成。秘书长是联合国的行政首长，由大会根据安理会的推荐任命，任期 5 年，任满后可连选连任。

（4）国际法院

国际法院是联合国的主要司法机关，由联合国大会和安理会分别投票选出的 15 名不同国籍的法官组成。法官任期 9 年，每 3 年改选 5 名，可以连选连任。法官不代表任何国家，不接受其本国政府制约。国际法院设在荷兰的海牙，其职权主要是行使诉讼管辖权和咨询管辖权。其诉讼当事者只限于国家。法院的判决由出庭法官的过半数作出。判决是终局判决，不得上诉。

（三）其他国际组织

其他世界性的政府间国际组织主要有国际劳工组织（ILO）、世界卫生组织（WHO）、世界知识产权组织（WIPO）、国际货币基金组织（IMF）、世界贸易组织（WTO）等。

以地域的连带感情、共同利益为基础建立的区域性国际组织与世界性国际组织相互补充，在国际事务中起着重要的作用。这些组织主要有美洲国家组织（OAS）、阿拉伯国家联盟（LAS）、非洲统一组织（OAU）、东南亚国家联盟（ASEAN）、欧洲联盟（EU）等。

参考文献

[1] 马瑄，朱莉，邵文娟 . 经济法 . 第 4 版 .[M]. 沈阳：东北财经大学出版社，2021.

[2] 李曙光，刘延岭 . 营商环境与破产重组：破产法评论 . 第 2 卷 .[M]. 北京：法律出版社，2021.

[3] 金彭年 . 国际民事诉讼法原理、制度与案例 [M]. 杭州：浙江大学出版社，2020.

[4] 田立军 . 复旦卓越 · 经济学系列：市场经济法律教程 . 第 7 版 .[M]. 上海：复旦大学出版社，2020.

[5] 杨馨德 . 消费者权益保护法简明教程 [M]. 上海：上海财经大学出版社，2020.

[6] 付立庆 . 刑法总论 [M]. 北京：法律出版社，2020.

[7] 谢秋荣 . 公司法实务精要（上）[M]. 北京：中国法制出版社，2020.

[8] 谢秋荣 . 公司法实务精要（下）[M]. 北京：中国法制出版社，2020.

[9] 尹田 . 保险法前沿 [M]. 北京：光明日报出版社，2020.

[10] 王雨静 . 保险法原理与实务 [M]. 北京：中国人民公安大学出版社，2019.

[11] 卞建林 . 诉讼法学理论新苑 . 第 1 卷 .[M]. 北京：中国人民公安大学出版社，2019.

[12] 岳宗福，秦敏 . 劳动与社会保障法 [M]. 成都：西南交通大学出版社，2019.

[13] 潘慧明 . 经济法 [M]. 杭州：浙江大学出版社，2019.

[14] 人民法院出版社法规编辑中心 . 企业破产法司法解释及司法观点全编 [M]. 北京：人民法院出版社，2019.

[15] 法律出版社 . 中华人民共和国反不正当竞争法 . 最新修正版 .[M]. 法律出版社，2019.

[16] 王炳 . 反垄断法实施指南制度建构研究 [M]. 北京：知识产权出版社，2019.

[17] 李春红，李光启 . 民商经济法 [M]. 成都：四川大学出版社，2018.

[18] 秦涛 . 民事诉讼法实务教程 [M]. 上海：华东理工大学出版社，2018.

[19] 王艳，秦雪洁 . 经济法 [M]. 北京：北京理工大学出版社，2018.

[20] 孙利 . 行政法与行政诉讼法 [M]. 北京：对外经济贸易大学出版社，2018.

[21] 李欣 . 刑法总论 [M]. 成都：电子科技大学出版社，2017.

[22] 陈永革，张斌，李志萍，等 . 民事诉讼法教程 [M]. 成都：四川大学出版社，

2017.

[23] 白学伟，刘爱娇，刘杰 . 法律基础 [M]. 长沙：湖南师范大学出版社，2017.

[24] 薛黎明，李翠平 . 资源与环境经济学 [M]. 北京：冶金工业出版社，2017.

[25] 李裕琢 . 经济法律基础 [M]. 北京：中央广播电视大学出版社，2017.

[26] 周登谅 . 法律基础案例教程 . 第 2 版 .[M]. 上海：上海人民出版社，2017.

[27] 王英萍 . 商法教程 [M]. 上海：上海交通大学出版社，2017.

[28] 沈四宝，刘刚仿，沈健 . 国际商法 . 第 2 版 .[M]. 北京：对外经济贸易大学出版社，2017.

[29] 徐运全 . 公民法律基础知识 [M]. 呼和浩特：内蒙古人民出版社，2016.

[30] 王文革 . 环境资源法：理论 . 实务 . 案例 [M]. 北京：中国政法大学出版社，2016.

[31] 秦立崴 . 国际商法 [M]. 北京：北京理工大学出版社，2016.

[32] 李玲，吴坤埔 . 新编法律基础 [M]. 北京：北京理工大学出版社，2015.

[33] 郭靖超 . 法律基础 [M]. 哈尔滨：哈尔滨工程大学出版社，2015.

[34] 马毅 . 行政法原理与实务 [M]. 银川：宁夏人民教育出版社，2014.

[35] 林瑞青 . 法律基础 [M]. 广州：广东旅游出版社，2013.

[36] 冯玉军 . 法律基础 [M]. 北京：宗教文化出版社，2013.